호주선교사 알란과 리타 스튜어트
The Australian Missionary in Korea Alan & Rita Stuart

호주선교사 알란과 리타 스튜어트

편 저 자 · 탁지일 & 양명득
발 행 인 · 천병석
발　　행 · 부산장신대학교

펴 낸 이 · 성상건
펴 낸 날 · 2025년 11월 21일
펴 낸 곳 · 도서출판 나눔사
주　　소 · (우) 10270 경기도 고양시 덕양구 푸른마을로 15
　　　　　301동 1505호
전　　화 · 02)359-3429　　팩스 02)355-3429
등록번호 · 2-489호(1988년 2월 16일)
이 메 일 · nanumsa@hanmail.net

ⓒ 부산장신대학교, 2025

ISBN 978-89-7027-833-9 03230

값 17,000원
잘못된 책은 바꾸어 드립니다.

The Australian Missionary in Korea Alan & Rita Stuart

Author & Editor: Ji-il Tark & Myong Duk Yang
Publication: Busan Presbyterian University
Date: November 21, 2025

All rights reserved.

호주선교사 알란과 리타 스튜어트
The Australian Missionary in Korea Alan & Rita Stuart

탁지일 & 양명득 편저
Edited by Ji-il Tark & Myong Duk Yang

나눔사

| 발행의 글 |

천병석 목사
(부산장신대학교 총장)

부산장신대학교는 1953년, 전후의 혼돈상황에서 시작되었습니다. 전국에서 모여들었던 피난민들과 교회들이 빠져나가고, 부산지역 교회를 재정비하고자 했을 때, 신학교육의 필요성과 중요성을 크게 대두되었을 것입니다. 이즈음 호주장로교 해외선교부는 한국교회의 재건을 위해 여러 선교사를 파송하였는데, 그중에 부산에 정착한 Alan F. Stuart와 Rita I. Stuart가 대표적이었습니다.

오늘날 부산울산경남지역 교회와 신학교육의 발전은 이들 부부와 호주 선교부의 헌신과 수고에 크게 빚지고 있습니다. 그에 대해 본교는 "호주선교사 알란과 리타 스튜어트" 발간을 통해 감사를 표하고, 기억을 새롭게 하여 복음의 소명을 함께 받들고자 합니다.

이와 같은 작업은 전적으로 탁지일 교수님의 교회사학자로서의 연구와 집념의 산물입니다. 그간 한국교회의 짧지 않은 역사에 선교사들의 흔적이, 특히 부산경남지역 교회에서의 사역의 면모가 학문적으로 그다지 드러나지 못한 아쉬움이 있었습니다. 이 책은 당시 교회 목회와 성경공부반의 분위기, 교단과 노회, 그리고 학교와 선교부 사이의 교류, 한국교회의 분열과 여파, 세계교회와의 복합적 관계 등이 적지 않게 담겨 있습니다. 그와 함께 호주선교사로 헌신하셨던 양명득 목사님의 번역으로 알란 목사님의 설교 12편도 읽게 됩니다. 모두가 오늘날 현실을 헤쳐 나가려 할 때 숙고해야 할 귀한 사료들입니다. 두 분의 노고에 깊이 감사드립니다.

 이 책이 만들어지기까지 자료수집 과정에서 도와주신 분들과 과천교회 주현신 목사님과 부산진교회 신충우 목사님의 배려 깊은 지원에 감사드립니다. 모쪼록 한국교회의 어려웠던 시기를 이겨낸 이 생생한 선교기록을 통해 미래로 이어지는 한국교회의 신앙의 초석이 더욱 든든히 놓이기를 소망합니다.

| Congratulations |

Revs. John & Norma Brown
(Australian Missionary in Korea, 1960-1972)

We congratulate Professor Ji-il Tark and the Reverend Myong Duk Yang for this important work on the Reverend Alan Stuart's work as a missionary in Korea, where his wife Mrs Rita Stuart played a key role alongside Alan.

We worked with and close by Alan and Rita during the 1960s and had a huge regard for them. We recall Alan's difficult, wise, mediating role within the Presbytery; his major contribution to the seminary in Pusan; his development of new and small congregations; and Rita's motherly, wise, pastoral role with other missionaries, especially women.

Alan and Rita were humble, wise, gracious and friendly. They brought a genuine Christ-like approach to their life and work in Korea. We remember them warmly.

Prof Tark and Rev Yang, thank you for honoring Alan & Rita's work in this way.

| 축하의 글 |

존 & 노마 브라운 목사
(한국선교사, 1960년~1972년)

　　한국에서 선교사로 활동하신 알란 스튜어트 목사님의 이야기를 한 권의 중요한 책으로 작업한 탁지일 교수님과 양명득 목사님께 축하를 드립니다. 알란 스튜어트 목사님의 부인 리타 스튜어트 여사도 알란과 함께 중요한 역할을 하셨습니다.

　　우리는 1960년대에 알란과 리타와 함께 일하며 친밀한 관계를 맺었고, 두 분을 깊이 존경했습니다. 노회에서 알란과 리타 선교사님이 보여주신 어렵고도 지혜로운 중재자 역할, 부산신학교에 대한 그의 큰 공헌, 새롭고 작은 교회들을 성장시킨 그의 역할, 그리고 리타 선교사님이 다른 선교사들, 특히 여성 선교사들을 위해 보여주신 어머니 같은 지혜롭고 목회적인 역할을 기억합니다.

　　알란과 리타 선교사님은 겸손하고 지혜로우며 은혜롭고 친절하셨습니다. 두 분은 한국에서의 삶과 활동에 진정한 그리스도를 닮은 모습을 보여주셨습니다. 우리는 두 분을 따뜻하게 기억합니다.

　　탁지일 교수님과 양명득 목사님, 알란과 리타 선교사님의 선교 사역을 이런 방법으로 기려주셔서 감사합니다.

| 축하의 글 |

고동원 목사
(호주연합교회 차기 총회장)

하나님의 충성된 종, 서두화 목사님의 삶과 사역을 기리는 책이 출간된다는 소식에 크게 기뻐하며 축하드립니다. 목사님께서 한국 선교사 시절 교장으로 섬기셨던 학교의 후신인 부산장신대학교의 이름으로 발간되는 이번 책은 목사님의 생애와 신학, 그리고 선교의 발자취를 기록함으로써 후대에 길이 남을 귀중한 선물이 될 것입니다.

서두화 목사님은 1926년 호주 호샴에서 태어나 장로교 목사로서의 부르심을 받으셨고, 1957년부터 1968년까지 한국교회의 중대한 시기에 부산장로회신학대학에서 신학 교육자로, 그리고 선교사로 섬기셨습니다. 그분의 사역은 한국 사회와 교회의 형성기에 깊은 흔적을 남긴 복음적 사랑과 헌신의 여정이었습니다.

서 목사님은 호주로 돌아오신 후 빅토리아 장로교회 총회에서 사역하시던 중, 1973년부터 1976년까지 호주 최초의 한인교회인 멜본한인교회의 창립 초대목사로 봉사하셨습니다. 이후에도 여러 교회와 한인공동체를 섬기며, 복음과 교회를 향한 사랑을 삶으로 보여주셨습니다. 제가 멜본한인교회의 담임목사로 섬기던 시절, 고령의 연세에도 불구하고 교회 창립기념주일에 두 해나 오셔서 직접 말씀을 전해 주셨던 순간은 제 목회 인생에서 잊지 못할 은혜의 시간이었습니다.

서 목사님의 삶은 겸손과 지혜, 그리고 예수 그리스도에 대한 단순하고 견고한 믿음으로 빛났습니다. 그분은 늘 자신을 낮추고 이웃을 존중하며, 모든 사람을 '친구'로 받아들였습니다. 목사님께서 제게 주셨던 "하나님이 호주로 너를 부르신 것은 단지 한인들만을 위한 것이 아니라, 호주의 다민족 만민에게 복음을 전하게 하시기 위함"이라는 말씀은 지금도 제 사역을 이끄는 나침반이 되고 있습니다.

"예수님이 내 삶과 사역을 지탱해주셨다"라는 목사님의 고백처럼, 이번 책을 접하는 모든 독자가 같은 믿음의 고백과 새 힘을 얻게 되기를 기도합니다. 일생을 하나님의 선교에 헌신한 서두화 목사님의 아름다운 삶을 기리며, 이번 출간을 진심으로 축하드립니다.

| 축하의 글 |

주현신 목사
(과천교회 위임목사)

서두화 문의덕 선교사님의 삶과 사역을 담아낸 곱다란 책이 발간되어 참 기쁩니다. 한국을 사랑한 130여 호주인 선교사들의 고마운 흔적을 기억하는 데 큰 보탬이 되리라 생각합니다. 서두화 목사님은 제 아버지와 저에게도 믿음의 은인이시기에 더욱 감사한 마음입니다.

제 아버지 주경덕 목사님(안양 대영교회 원로)이 별세하신 다음 날, 호주로부터 서두화 목사님 별세 소식이 들려왔습니다. 50여 년 전 서두화 목사님이 부산신학교(현 부산장신대학교) 교장이실 때 제 아버지가 학생이셨으니, 스승과 제자가 하루 차이로 세상을 떠나신 겁니다. 서두화 목사님은 아마도 부산신학교 천국캠퍼스를 설립하실 것 같습니다. 4년 전 별세하신 김찬종 목사님(과천교회 원로)도 같은 시기 부산신학교를 다니셨으니, 서두화 목사님은 김찬종 주경덕 등 여러 제자와 함께 지금도 천국에서 한국교회를 위해 기도하시지 않을까 상상해봅니다.

서두화 목사님은 한국 사역을 마치고 호주 멜본으로 돌아가, 호주의 첫 한인교회인 멜본한인교회를 초대목사로 섬기셨습니다. 30년 뒤 2003년, 제가 멜본한인교회 7대 담임목사로 취임할 때 서두화 목사님이 설교하셨고, 8년 목회하는 동안 저의 멘토가 되어주셨습니다. 목회하기 전 유학생 시절에도 목사님은 저의 에세이와 학위논문을 교정해주셨고, 사모님은 제 가족들을 보살펴주셨습니다. 저는 호주장로교회의 한국선교가 맺은 풍성한 열매 중에서 아주 작은 하나일 뿐입니다.

서두화 문의덕 선교사님의 열정과 헌신을 기리며 하나님께 영광 돌립니다. 이 책을 통해 호주인 선교사들이 이 땅에 남긴 그리스도의 향기가 널리 공유되기를 기대하며, 탁지일 교수님과 양명득 목사님 그리고 부산장신대학교에 감사드립니다. 우리는 복음에 빚진 자입니다. 은혜의 빚을 은혜의 빛으로 갚아가는 우리이기를 소망합니다.

| 편저자의 글 |

태평양전쟁으로 인해 호주로 철수했던 선교사들은 6·25전쟁 시기에 다시 한국으로 돌아올 수 있었다. 1952년 헬렌과 캐서린 맥켄지를 시작으로, 1955년에 리타 면로(문의덕) 디커니스, 그리고 1957년에 알렌 스튜어트(서두화) 선교사님이 내한해 마산에서 선교 활동을 시작했다.

이 시기에 한국에 온 호주선교사들은 우리와 동시대 인물들로, 우리가 직접 만나고 교제할 수 있는 특권과 기쁨을 누렸다. 그중 한 분이 서두화 선교사님이다. 크지 않은 키에 조용한 성품을 지니신 서 선교사님은 뜻밖의 유쾌한 유머 감각을 지닌 분이었다. 그는 만나는 사람 모두 진실한 마음과 태도로 대했고, 도움이 필요한 이들에게는 따뜻한 친구와 위로자가 되었다. 이 책을 편저한 우리도 서두화 선교사님의 관심과 사랑을 받은 신앙 후배들이다.

서두화 선교사님 부부의 선교와 생애로 인해 하나님께 감사드리며, 이 책을 세상에 내어놓을 수 있어 한없이 감사하고 기쁜 마음이다.

본서의 출간을 위해 도움 주신 분들이 있다. 축하의 글을 써주신 존 브라운(변조은) 선교사님, 고동원 목사님 그리고 주현신 목사님에게 감사드린다. 서 선교사님의 아들 크리스는 많은 글과 사진을 보내주었으며, 멜본한인교회 이준 장로님과 부산진교회 문두호 장로님께서는 귀중한 사진 자료를 제공해주었다. 무엇보다도 이 책이 세상에 나올 수 있도록 도움을 주신 과천교회, 부산진교회, 멜본한인교회 그리고 부산장신대학교 천병석 총장님께 깊은 감사를 드린다.

탁지일
(부산장신대학교 교회사 교수)
양명득
(호주선교동역자)

차 례

| 발행의 글 | 천병석 • 4
| Congratulations | John & Norma Brown • 6
| 축하의 글 | 존 & 노마 브라운 • 7
| 축하의 글 | 고동원 • 8
| 축하의 글 | 주현신 • 10
| 편저자의 글 | 탁지일 & 양명득 • 12

1장 서두화 선교사의 목회와 선교 ⋯⋯⋯⋯⋯⋯⋯⋯⋯⋯⋯ 21

2장 리타와 알란 스튜어트 편지와 보고서

1. 한국의 호주선교사 ⋯⋯⋯⋯⋯⋯⋯⋯⋯⋯⋯⋯⋯⋯⋯⋯ 46
2. 호주장로교 선교회 ⋯⋯⋯⋯⋯⋯⋯⋯⋯⋯⋯⋯⋯⋯⋯⋯ 46
3. 벤디고의 디커니스 ⋯⋯⋯⋯⋯⋯⋯⋯⋯⋯⋯⋯⋯⋯⋯⋯ 47
4. 첫 화물선 '동해' ⋯⋯⋯⋯⋯⋯⋯⋯⋯⋯⋯⋯⋯⋯⋯⋯⋯ 48
5. 충격적인 부산 모습 ⋯⋯⋯⋯⋯⋯⋯⋯⋯⋯⋯⋯⋯⋯⋯⋯ 49
6. 신학교 졸업반 ⋯⋯⋯⋯⋯⋯⋯⋯⋯⋯⋯⋯⋯⋯⋯⋯⋯⋯ 50
7. 마산의 성경구락부 ⋯⋯⋯⋯⋯⋯⋯⋯⋯⋯⋯⋯⋯⋯⋯⋯ 51
8. 약혼하다 ⋯⋯⋯⋯⋯⋯⋯⋯⋯⋯⋯⋯⋯⋯⋯⋯⋯⋯⋯⋯ 53
9. 전통적인 성탄 만찬 ⋯⋯⋯⋯⋯⋯⋯⋯⋯⋯⋯⋯⋯⋯⋯⋯ 53
10. 결혼 소식 ⋯⋯⋯⋯⋯⋯⋯⋯⋯⋯⋯⋯⋯⋯⋯⋯⋯⋯⋯ 54
11. 결혼하다 ⋯⋯⋯⋯⋯⋯⋯⋯⋯⋯⋯⋯⋯⋯⋯⋯⋯⋯⋯ 55

12. 호주를 떠나다 55
13. 부산 세관에서 56
14. 마산으로 부임하다 57
15. 첫 주일예배 57
16. 변화하는 선교 활동 58
17. 문창교회와 남산교회 60
18. 마산여전도회 총회 61
19. 희망촌교회 62
20. 자랑스러운 부모 63
21. 일신부인병원의 아들 64
22. 첫 한국어 설교 66
23. 신익균과의 만남 67
24. 수습위원회 회원 69
25. 분열하는 교회 69
26. 선교사와 현지인 70
27. 한국보고서 72
28. 존 브라운을 만나다 77
29. 부산으로 이명하다 78
30. 마산노회 송별인사 78

31. 부산진교회 협동 목사 ················ 79
32. 익균이의 풍금 연습 ················ 79
33. 부산진교회 주일학교 ················ 80
34. 70주년 기념 ················ 81
35. 마산과 부산의 차이점 ················ 82
36. 두 번째 아들 ················ 84
37. 1961년 보고서 ················ 86
38. 46개의 교회 방문 ················ 89
39. 염소와 양봉 프로젝트 ················ 92
40. 1962년 보고서 ················ 94
41. 미션 박스 수혜자들 ················ 97
42. 기근을 위한 모금 ················ 99
43. 오랜 친구 호주선교회 ················ 99
44. 미션 밴드 대회 ················ 103
45. 또다시 한국으로 ················ 104
46. 사랑의 희사금 ················ 106
47. 나환자요양원 방문 ················ 107
48. 장생포교회 방문 ················ 108
49. 가장 큰 보람 ················ 109

50. 부산신학교 교장 110
51. 도전과 기회 속의 신학교 111
52. 시청각 전도회 113
53. 한국인 요나 117
54. 최정자 119
55. 유일한 안수받은 선교사 120
56. 양한나 부인(1) 121
57. 송별예배 124
58. 양한나 부인(2) 125
59. 선교사의 성찰 127

3장 서두화 선교사의 신학 교육 ……………………… 131

4장 Dear Alan, "See You Up There!" ……………………… 157

5장 서두화 목사의 호주 한인교회 목회 ……………………… 165

6장 서두화 목사의 설교 모음

1. 호주교회와 한인교회에 관하여 ······ 178
2. 일신병원의 기적 ······ 182
3. 하나님을 증거하는 자 ······ 188
4. 고귀한 희생 ······ 194
5. 위대하고 거룩한 정화 ······ 199
6. 한국선교 120주년을 맞으며 ······ 203
7. 너희 중에 죄 없는 자가 ······ 209
8. 돌아온 탕자 ······ 217
9. 순례의 길 위에서 ······ 224
10. 주의 성령이 내게 임하셨으니 ······ 229
11. 나를 선택하신 이유 ······ 236
12. 교회의 반석 그리스도 예수 ······ 240

1장
서두화 선교사의 목회와 선교
- 탁지일 편역

Ministry and Mission of Rev. Alan Stuart
- Edited & Translated by Ji-Il Tark

서두화 선교사의 목회와 선교

탁지일 편역[1)]

1. 가족과 교육

서두화(Alan Fyfe Stuart, 1926~2025) 선교사는 1926년 7월 24일 호주 빅토리아주 Horsham에서 태어났다. 한국에서는 아내 문은덕(Rita Isabel Stuart, 1923~2012) 선교사와 부산에서 태어난 두 아들 서형일(Christopher John Stuart, 1959년 출생)과 서형택(Graeme Robert Stuart, 1961년 출생) 가족과 함께 한국에서 사역했다.

Rosebery State School, Warraknabeal High School(1937~1939), Scotch College, Hawthorn(1940~1941), Melbourne Technical College(Civil Engineering, 1942~1948), Melbourne University(B. A., 1949~1953), Melbourne College of Divinity(B.D., 1954~1956)

---

1) 한국 선교에 관한 서두화 선교사의 자필 기록이다. 먼저, "Korean Diary"라는 제목으로 작성된 글을 편역했는데, 다이어리 기록을 권했던 존 브라운 선교사와 탁지일에게 헌정된 글이다. "Dedicated to Rev Dr John Brown, who encouraged me to put my written diary into a form accessible to historians, and to Rev Professor Ji-il Tark of Pusan Presbyterian University for his unfailing courtesy and his encouragement for me to look to the future." 또한, 부산장신대학교 교수 사역에 관한 서두화 선교사의 글의 내용도 포함되었다.

에서 수학했다.

2. 호주에서의 목회와 내한

1956년 12월 12일 Presbytery of Melbourne North 주관으로 Canterbury Presbyterian Church에서 목사안수를 받았다. North Box Hill의 Koonung Heights Presbyterian Church에서 1956년 12월부터 1957년 9월까지 목회했으며, 문은덕(Rita Isabel Munro) 선교사와 1957년 7월 27일 Bendigo의 St. Andrew's Presbyterian Church에서 결혼했다.

한국 선교사로 파송 받은 서두화 선교사는 1957년 10월 23일 시드니행 야간열차를 타고 멜버른을 떠났다. 10월 25일 창터(S.S. Changte)호 선편으로 시드니항을 떠나 브리즈번, 글래드스톤, 타운즈빌, 썰즈데이 아일랜드 등의 호주 도시를 지나, 암본 아일랜드, 보르네오 동부의 타라칸, 필리핀 마닐라를 경유한 후, 약 한 달 후인 11월 20일 수요일에 홍콩에 도착했다. 그리고 11월 30일 '한양호' 선편으로 12월 7일 부산항에 도착한 후 한국 선교를 시작했다.

3. 한국에서의 선교

부산에 도착한 서두화는 마산선교지부에서 사역을 시작했다. 한편 1958년 1월부터 1959년 9월경까지는 많은 시간을 서울과 부산에서 한국어를 배우며 보냈다. 이후 서두화의 선교 활동은 대부분 경상남도 마산노회와 경남노회를 중심으로 이루어졌다.

1959년 대한예수교장로회 총회가 통합과 합동으로 분열될 당시, 서두화 선교사는 각 노회를 순회하며 화해를 도모하는 역할을 맡았으며, 1960년 8월 마산에서 부산 선교지부로 이동하기 전까지, 지역 교회를 방문하거나 성경학교 운영에 참여하는 등의 사역을 감당했다. 1963년에는 첫 안식년을 가졌다.

부산지역의 경남노회에서의 선교는 나병원인 상애원과 송화원에서 사역했다. 서두화 선교사는 다음과 같이 사역의 기쁨을 일기에 기록했다.

> 상애원과 성화원 모두 매우 가까운 관계였습니다. 상애교회의 임시 당회장을 맡기도 했습니다.... 야외 예배를 매년 드리고, 함께 점심을 먹으며 게임과 교제의 시간을 가졌습니다. 우리 가족들에게 가장 행복한 시간 중 하나였습니다. 특히 크리스와 제레미 형제가 교회에 가서 함께 교제하는 것을 좋아했습니다... 상애교회에서의 예배는 항상 가장 감동적이었습니다. 가진 것도 없이 상처받은 성도들이었지만, 감사의 생활로 가득했습니다. 추수감사절이면 함께 모여 진심으로 기뻐했고, 강대상은 감사 헌금으로 가득 찰 정도였습니다.

부산진교회에 출석하거나 설교를 맡기도 했다. 또한, 김해군 고암면과 한림면 신천리 등지의 지역 교회들을 순회하며 설교했으며, "Australian Presbyterian Mission"이라고 적혀진 선교용 지프를 직접 운전해 다니면서 노회 임원들과 지역 교회들을 돌봤다. 또한, 시청각교육을 위한 부산지부에서 활동했고, 노회 및 교회와 선교를 협의하는 위원회에 호주선교회를 대표해 참여했다.

이후 부산장신대학교의 전신인 장로회부산신학교의 교수와 교장으로 재직했다. 장로회부산신학교와 성서신학원에서, 예수의 생애, 복음서, 사도행전, 요한계시록, 레위기, 모세오경, 구약역사, 연구방법론, 예배학 등 주로 성경 관련 과목을 강의했다.

4. 귀국 후의 목회

1968년 12월 9일 한국을 떠나 귀국했으며, 호주 빅토리아주 해외선교위원회 지역담당자로 부임했다. 1969년부터 1975년까지 빅토리아, 태즈메이니아, 남호주, 서호주에서 해외 선교를 도왔다. 특히 1973년 7월 8일에는 Warrigal Road에 있는 Burwood Presbyteian Church 내에 호주 최초의 한인교회인 멜번한인교회의 설립에 관여하고, 초대목사로서 교회의 기초를 다지는데 주요한 역할을 감당했다.

1976년부터 1983년까지 Ringwood East Combined Methodist/Presbyterian Parish(East Ringwood Uniting Church)에서 목회했으며, 1984년부터 1991년까지는 Wangaratta Uniting Church에서 목회하고, 1991년 7월 31일 전임 목사직으로부터 은퇴했다. 이후 파트 타임 목회자로 St. Luke's MountWaverley(1991.~1992.1), Northern Beaches & Freshwater congregations in the Parish of Cairns(1992.3~8), Numurkah Uniting Church(1994.6~9), Vermont Uniting Church(1994.11~1996.1), Lilydale Uniting Church(1996.8~1998.1), St. Aidan's Uniting Church, North

Balwyn(1998.8~9, 1999.8~2000.1), Korumburra Uniting Church(1998.10~12), Koonung Heights Uniting Church(2001.3), Wynyard Uniting Church, Tasmania(2001.6~7)에서 목회했다.

은퇴 후 뉴캐슬에 머무는 동안에도 설교 목사로 변함없이 활동했다. 공익을 위한 사회적인 이슈에도 민감했다. 특히 97세이던 2023년 11월 26일, 뉴캐슬항에서 진행된 환경시위에 최고령자로 참가했다가 체포되는 진기록을 남겼다. 가디언(The Guardian)은 "경찰은 환경운동 시위 참가자 109명을 체포했다. 그중에는 97세의 호주연합교회 목사도 포함됐다고 밝혔다."라고 보도했다. 신약성경에 은퇴하거나 쉬고 있는 제자들의 이야기가 없는 것처럼, 서두화 선교사의 삶과 신앙의 여정에서 결코 은퇴는 없었다.

무엇보다도 매일 오전 지인들에게 보냈던 이메일을 통해 잔잔한 일상이 선물하는 평온하며 기쁨 넘치는 하루하루의 이야기를 유머를 가득 담아 전달하는 하나님의 메신저 역할을 충분히 넘치도록 감당했다. 마지막 순간까지 소년과 같은 미소를 잃지 않았던 서두화 선교사는 2025년 7월 19일 자택 가족 곁에서 하나님의 부르심을 받았다.

5. 사진으로 보는 서두화의 한국 선교

서두화 선교사 부부를 환송하기 위해 멜버른 Spencer Street Railway Station에 모인 형제 론(Ron)과 조지(George) 그리고 친구들 (1957.10.23.)

서두화 선교사 가족이 머물던 마산의 사택 (1957.12.16.)

마산문창교회 김석찬 목사(앞줄 가운데)와 성도들과 함께 한 서두화 선교사 (1957.12.22.)

마산에서 모인 선교현장위원회(Field Committee) 왼쪽부터 매해영(Catherine Mackenzie), 문의덕(Rita Stuart), 서두화(Alan Stuart) 선교사 등이 참여했다. (1957.12.31.)

Australian Presbyterian Mission이라고 적혀진 지프를 타고 창녕군 남지읍 월상교회를 방문한 서두화 선교사 (1958.7.27.)

마산 인근 산을 오르는 서두화 선교사 부부 (1958 여름)

마산 남산교회 목회자들, 장로들과 함께 한 서두화 선교사. 피난 교회로 설립된 남산교회의 박한승 담임목사는 선교사들의 좋은 친구였다. (1958)

영도다리 건너에 있는 연세대학교 캠퍼스에서 어학 수업을 하던 선교사들. 서두화 선교사(제일 뒷줄 왼쪽)와 교사였던 민경배 교수 부부(둘째 줄 오른쪽, 첫줄 오른쪽에서 두 번째) (1958.9.8.)

부산에서 영어를 배우던 학생들과 함께 (1958.12.8.)

김병기 장로가 시무하던 희망촌교회를 방문한 서두화 선교사 (1958.12.21.)

마산의 서두화 선교사 집에 모인 학생들 (1959.1.18.)

연세대학교 외국어학당에서 한국어를 배울 당시 학교 기숙사에서 점심 식사 중인 서두화 선교사와 한성진(Jim Hazeldine) 선교사 (1959)

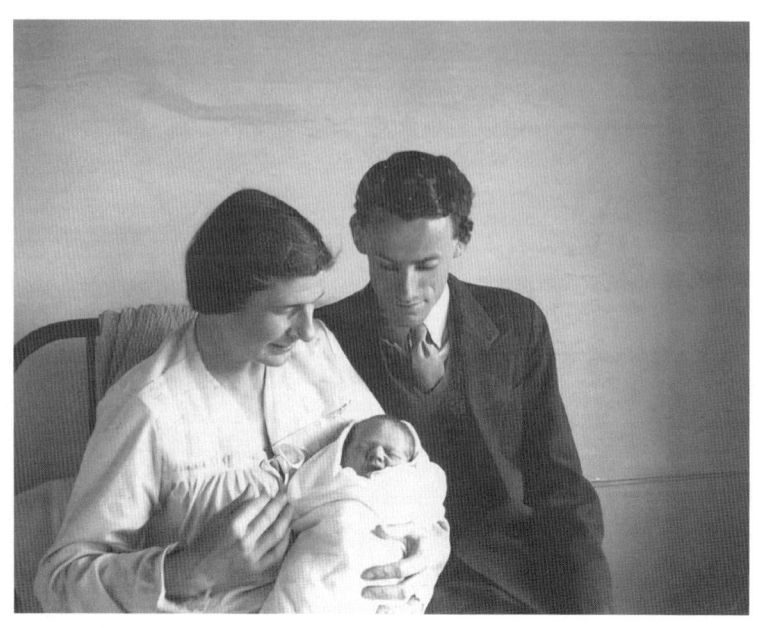

일신병원에서 태어난 첫 아들 크리스와 서두화 선교사 부부 (1959.5.16.).
생후 2달 정도 지난 크리스 (1959.7.4.)

연례회의에 참석한 선교사들. 맨 앞줄에 아들 크리스를 안고 있는 서두화 선교사 부부. 바로 뒤에 일신병원의 매혜영과 매혜란 자매가 있다. (1959.6.16.~18)

밀양 순회 중 방문한 영남루 (1959.7.18.)

부산을 방문한 국제에큐메니칼사역캠프(The International Ecumenical Work Camp) 참가자들 (1960년대 후반)

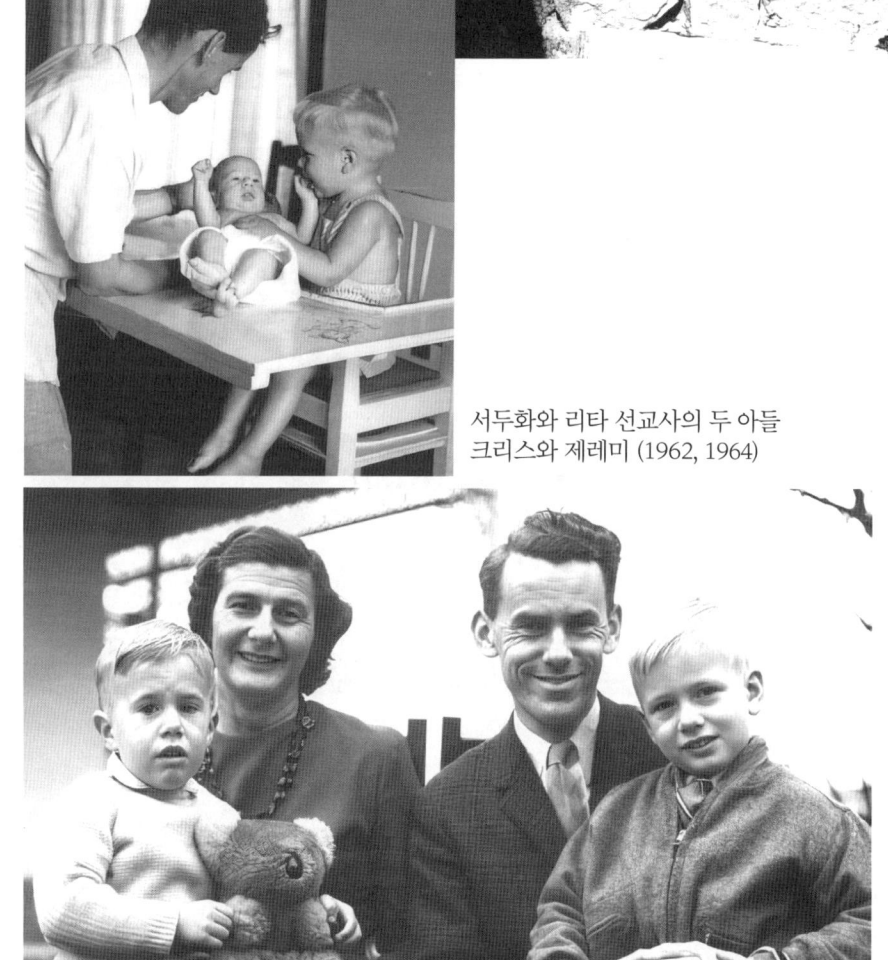

서두화와 리타 선교사의 두 아들
크리스와 제레미 (1962, 1964)

부산지역 시청각교육(Audio-Visual Education) 연구회에 참가한 서두화 선교사
(1966.6.2.~4)

시청각교육팀 담당자들과 지역을 순회 중인 서두화 선교사 (1966)

동북아시아신학교육자협의회(North East Asia Theological Educators Consultation)에 참가한 서두화 선교사(뒤에서 두 번째 줄 왼쪽에서 세 번째) (1966.11.28.~12.2)

고별예배를 드린 후 상애원교회 장로들과 함께 한 서두화 선교사 (1968)

부산을 떠나 귀국길에 오른
서두화 선교사 가족(1968.12.9.)

귀국길에 방문한 일본 히로시마성

일본 고베에서 호주로 가는 귀국선에 오른 선두화 선교사 가족

뉴캐슬항에서 열린 환경시위에 97세의 최고령자로 참가했다가
체포되는 서두화 선교사 (2023.11.26)

2장
리타와 알란 스튜어트 편지와 보고서
- 양명득 편역

Letters & Reports of Rita & Alan Stuart
- Edited & Translated by Myong Duk Yang

1. 한국의 호주선교사

부산: 조지 앤더슨, 찰스 캐년 부부, 헬렌 맥켄지, 캐시 맥켄지, 알비나 맥납,[1] 애슬리 콜빈

마산: 엘리자베스 던, 아이린 왓킨스[2]

('더 크로니클', 1954년 7월, 16)

2. 호주장로교 선교회

(호주장로교 선교회, 1950년대)

1)   안다손, 강영도, 매혜란, 매혜영, 맥비나 선교사
2)   전은혜, 왕영혜 선교사

선교부: 부산과 마산

외지 선교부: 통영

선교사: 8명의 선교사가 대한예수교장로회와 긴밀하게 일하고 있음.

일반 선교직원: 7명의 결혼한 남성과 7명의 독신 여성

('더 크로니클', 1954년 11월, 1)

3. 벤디고의 디커니스

벤디고의 디커니스[3] 리타 먼로[4]가 내년 2월에 '타이위안(Taiyuan)'호를 타고 한국으로 떠날 것이다.

('더 크로니클', 1954년 12월, 11)

---

3) 디커니스(Deaconess)는 훈련받은 사회봉사 목회자로 한국에 온 대부분의 호주 여선교사가 디커니스였다.
4) 알란과 결혼하기 전 그녀의 성이 먼로(Munro)이고, 한국 이름은 문의덕이다.

4. 첫 화물선 '동해'

한국에서 멜버른으로 온 첫 화물선 '동해'가 3월 말까지 항구(남부두)에 정박해 있다. 약 두 주 동안 머물 것이다. 이 배는 북미에서 오리건 목재를 싣고 왔다. 선장과 선원들이 영어를 거의 못 하므로 우리 해외선교위원회 사무실에 도움을 청해왔다. 불행히도 제임스 스터키[5] 씨는 외근 중이라 한국에서 돌아온 다른 선교사들이 그들을 도왔다.

위더스 양이 동해호를 몇 번 방문하여 선원들에게 영어를 가르치고 선장의 방송 준비를 도왔다. 맥라렌 박사는 큐의 몇 친구가 선원들을 단데농으로 안내하여 구경시켜주도록 준비하였다. 두 번째 주일에 조지 앤더슨이 선상에서 예배를 한국어로 인도하였다. 두 번의 주일 저녁에는 몇 선원들이 스코트교회 예배에 참석하여 환영을 받았다. 교회는 이들에게 빅토리아주 화보를 선물하였다. 선장은 방송을 통하여 자신들이 머무는 동안 보살펴준 모든 이에게 감사를 표하였다.

('더 크로니클', 1955년 5월, 2)

---

5)   서덕기 선교사

5. 충격적인 부산 모습

마침내 한국에서 인사를 보낸다. 멜버른에서 부산까지 7주가 걸렸다. 이제는 바다 위에 있지 않아 살 것 같다. (중략) 4월 15일 금요일 아침 8시 30분 프레드 터비[6]와 나는 한국에 도착하였다. 비가 오는데도 부두에서 선교사들이 우리를 기다리고 있었다. 헬렌 맥켄지 박사, 캐시 맥켄지 양, 비나 맥납 양이다. 이곳의 선교사들은 모두 잘 있고, 새로 선교사가 와 기뻐하였다. 그러나 이들은 일꾼이 더 필요하다고 하였다.

솔직히 말하면 부산의 첫인상은 충격적이었다. 우리는 항구에서 선교관까지 지프를 타고 갔다. 비가 와 모든 것이 단조롭게 보였지만, 많은 사람이 모여 사는 그 가난한 모습, 뚜렷한 군인들의 존재, 더러운 진흙탕 등이 눈에 들어왔다. 선교부의 모습도 충격적이었다. 새 병원 건축이 진행 중이어서 그런지 주변이 혼란스러웠다. 우리의 담장 위에 그리고 창문 위에도 철조망이 쳐져 있었다. 그러나 선교관 안은 매우 달랐다. 또한, 오랫동안 사진으로만 보아 온 부산진교회당을 알아볼 수 있어 흥분되었다.

우리는 부산에 사흘 머물다 언어공부를 위하여 서울로 갔다. 가는 길에 보이는 시골 풍경은 홍콩이나 일본과는 달랐다. (중략) 서울은 거대한 도시이다. 그러나 전쟁의 상흔이 아직 여기저기 남아있다.

---

6) 도은배 선교사

다리를 다시 건설하고, 대포 자국을 메우고, 무너진 건물을 세우고, 길을 넓히고 있었다. (중략) 우리 고향에는 전쟁이 없어 감사한 마음이 들었고, 이 땅의 사람들을 마음을 다해 사랑하고 도울 수 있도록 기도하였다. 여러분은 내가 그리스도를 위하여 온전히 헌신하고 믿음, 소망, 사랑을 잃지 않도록 기도해 달라.

리타 먼로

('더 크로니클', 1955년 7월, 7)

6. 신학교 졸업반

(서두화 신학교 졸업, 1956.
사진 출처: 서두화 가족 앨범)

빅토리아의 신학생 중 마지막 학년 학생 3명을 승인하다. 다이얼 씨는 뉴 헤브리데스 그리고 알란 스튜어트 씨와 제임스 헤젤딘[7] 씨는

---

7) 한성진 선교사

한국이다. 이들은 현재 신학 학사 학위를 마치고 있다. 존 브라운[8] 씨는 신학 공부가 일 년 더 남았는데 그도 1958년부터 한국선교사 파송이 승인되었다.[9]

('더 크로니클', 1956년 11월, 11)

7. 마산의 성경구락부

이 편지가 성탄절 전에 여러분께 도착하면 좋겠다. 만약 성탄 인사가 시간에 맞추어 도착하지 못한다 해도 내가 여러분을 잊지 않고 항상 생각하고 있다는 것을 여러분은 알 것이다.

맥납 양이 휴가를 마치고 돌아와 여러분의 소식을 들을 수 있어 반가웠다. 지난 월요일 부산에서 서울로 가는 10시간 동안 중단없이 이야기할 수 있었는데 여러분과 더 가까워지는 느낌이었다. 터비 씨도 뉴 사우스 웨일스에 있는 친구 소식을 잠깐 들을 수 있었지만, 나의 계속되는 수다를 맥납 양이 어떻게 견뎠을지 궁금하다. 나는 11월까지 서울의 한국어반에서 공부할 것이다. 여전히 나는 한국어 공부에 시간을 쏟고 있지만, 이곳 사람들처럼 말하려면 아직 멀었다.

지난여름에 마산으로 이사한 것에 관하여 여러분께 이미 언급하

---

8) 변조은 선교사
9) 이들을 승인한 주체는 빅토리아장로교회 해외선교부이다.

였다. 나는 마산을 사랑한다. 그곳에서 주일학교 아이들에게 잠깐 이야기하여 주었는데 나의 부족한 한국어를 그들은 잘 들어주었다. 아마 그림을 가지고 설명하여 내 이야기를 알아들었던 것 같다. 김 양이 나의 강의 연습을 반복하여 도와주었고, 끝난 후에도 나의 실수를 인내 있게 알려주었다.

던 양이 주선한 성경구락부 지도자 모임에서도 나는 짧은 연설을 하였다. 이 모임에 참여한 10명의 여성은 함께한 일주일 동안 오히려 나를 많이 격려해 주었다. 이들과 나는 찬송도 부르고 손으로 하는 작업도 하였다. 이번에 나는 이들을 돕지는 못했지만, 알아가는 좋은 기회였다. 이들은 시골에서 정규 교육을 받지 못하는 어린이들을 위하여 일하고 있다. 어서 한국어를 잘 배워 이들과 제대로 일하기를 바란다.

여러분들도 이곳을 방문하여 우리가 일하는 행복함을 함께 느꼈으면 좋겠다. 즐거운 성탄과 복된 새해가 되기를 기원한다.

마산에서
리타 먼로
('더 크로니클', 1956년 12월, 9)

8. 약혼하다

알란 스튜어트 목사와 리타 먼로 양의 약혼과 앞으로의 결혼에 우리 마음속의 축하를 보낸다. 결혼하기 전에 먼로 양은 호주에 돌아와 보고회를 하고 다시 한국으로 갈 것이다.

('더 크로니클', 1957년 3월, 3)

9. 전통적인 성탄 만찬

여러분 모두 1957년 새해를 행복하게 시작하였기를 희망한다. 나의 기도와 여러분의 기도가 서로 닿아 하나님 안에서 인도하심과 힘을 얻기를 바라고 여러분이 하는 모든 일이 그분의 이름과 영광 안에서 이루어지기를 소망한다.

몇 달 후에 여러분을 다시 만날 생각을 하니 나는 참 행복하다. 나는 서울로 가기 전까지 마산에 6주 더 머물 것이며 그 후 비행기로 일본에 가 고향으로 가는 '창테(Changte)'호를 탈 것이다.

마산에서의 성탄절은 흥미로웠다. (중략) 김 양과 나는 이웃 마을의 아이들에게 성탄절 전 일주일 동안 성탄에 관한 이야기를 조금씩

해주었다. 그곳 사람들도 우리에게 사랑스러운 태도를 보였다. 캐러멜이나 살아있는 닭을 우리 집 앞에 선물로 갖다 놓았다. 성탄절 다음날 던과 나는 부산에 갔다. 그곳에서 우리의 호주인 동료들과 성탄 축하 만찬을 같이하였다. 전통적인 성탄 음식으로 무엇하나 빠진 것이 없었다. 심지어 푸딩 안에 쓰리 펜스[10]까지 있었다.

1월 13일, 마산에서
리타 먼로
('더 크로니클', 1957년 4월, 7)

10. 결혼 소식

오는 7월 27일 알란 스튜어트 씨와 리타 먼로 양이 벤디고에서 결혼할 것이다. 하나님의 풍성한 축복이 이들의 삶과 일에 함께 하기를 기도한다. 이들은 9월에 한국으로 떠날 것이다.

('더 크로니클', 1957년 7월, 3)

---

10) 성탄 푸딩 속에 넣는 작은 은 동전. 이 동전이 들은 푸딩을 차지하는 사람은 새해에 복을 받는다는 뜻이다.

11. 결혼하다

한국으로 떠나는 선교사들에게 염려가 있다. 홍콩에서 한국까지 가는 배편이 불확실하기 때문이다. 알란 스튜어트 부부와 캐시 맥켄지 양 그리고 시드니의 그레이스 워런 박사는 10월 중순에 떠나기를 기대하고 있다.

('더 크로니클', 1957년 10월, 12)

12. 호주를 떠나다

10월 23일 수요일 우리는 스펜서 스트리트 기차역을 떠났다. 많은 사람이 우리를 환송하러 나왔다. 우리는 시드니로 가는 밤 기차 'Spirit of Progress'에 올랐다. (중략) 10월 25일 금요일 시드니 항에서 우리는 '창테'호에 올랐다. 이 배는 관광선으로 시드니에서 홍콩까지 간다. 우리는 그곳에서 부산까지 가는 증기선 '한양'을 탈 것이다. (중략)

우리의 작은 배는 11월 30일 토요일 홍콩을 떠나 12월 7일 토요일 부산항에 도착하였다. 비교적 따뜻한 날이었다. 하비 가족과 캐시 맥켄지 그리고 베리 콜빈이 배에 올라 우리를 환영하였다.

('알란 스튜어트의 일기', 1957년, 날짜 미상)

13. 부산 세관에서

우리는 토요일 오후에 부산에 도착하였다. 우리는 겨울을 기대했지만 따뜻하고 햇볕이나 코트를 입지 않았다. 리타는 항구에서 일신병원 건물을 발견했다고 하였다. 그녀가 맞았지만, 그때는 우리가 확신할 수 없었다. 캐시와 헤젤딘 부부가 우리의 세관 통과를 도왔다. 헬렌도 있었다. 까다로운 세관원들은 특히 우리가 가지고 온 큰 짐 안에 호주의 교회들이 병원 아기들에게 보내 준 용품을 관심 있게 보았다. 그중에 아기 부츠도 50개 이상 있었다. 그 사실을 모르는 세관원이 최근 결혼한 젊은 부부가 앞으로 아기를 얼마나 낳으려고 이렇게 많은 신발을 가지고 왔는가 의아해하였는지도 모른다! (중략)

병원에서 우리는 짐 스터키 목사, 디커니스 캐스 리체를 만났다. 그리고 다른 선교사들도 다 만났다. 베스 던, 비나 맥납, 프레드 터비, 딕, 캐넌, 그리고 곧 휴가를 떠나는 헬렌을 대신할 그레이스 워런 박사도 만났다. 우리는 첫날을 헤젤딘 부부 집에서 보냈다.

('알란 스튜어트의 일기', 1957년 12월 7일)

14. 마산으로 부임하다

우리는 마산 집에서 짐을 풀기 시작하였다. 중간에 우리는 교회로 내려가 김석찬 목사를 방문하였다. 그가 바쁜 중이라 우리는 머물지 않고 인사만 하였다. 전도부인이 와 우리에게 고개 숙여 인사하였다.

('알란 스튜어트의 일기', 1957년 12월 14일)

15. 첫 주일예배

주일예배는 오전 11시와 오후 6시에 열렸다. 프레드는 신마산으로 갔고 베스는 아마 시골교회로 갔을 것이다. 그래서 리타와 나만 우리 지역 교회인 문창교회로 갔다. 우리는 뒤에 앉아 있었지만, 예배 중 앞으로 나오라는 안내가 있었고 교인들이 박수하였다. 리타가 짧은 인사를 하였다. 우리는 이날 담임목사, 부목사, 전도부인 그리고 장로들을 만났다. 리타는 예전에 알았던 교인들도 만났다. 그리고 한철동도 만났는데 그가 후에 우리의 한국어 교사가 되었다.

오후에 우리는 편지를 썼고, 저녁에 다시 교회에 갔다. 이번에는 프레드와 같이 갔다. 우리는 예배당 바닥에 함께 앉았다. 앉아 있는 것은 괜찮았는데 한 시간 후에 일서 설 때 휘청거렸다.

['알란 스튜어트의 일기', 1957년 12월 15일]

16. 변화하는 선교 활동

한국으로 다시 돌아와 기쁘다. 내가 한국을 떠나 있음으로써 엉클어진 실타래를 다시 푸는 중이다. 알란과 나는 중국까지 저속도의 배를 타고 즐기면서 왔다. 홍콩에서 부산까지의 배는 더 느렸다. 마침내 우리가 멜버른을 떠난 7주 후 우리의 종착점인 마산에 도착하였다. 다행히 우리는 릿치 양과 스터키 씨를 만나 한국에서의 선교 활동을 집중적으로 토론할 수 있었다. 좋은 모임이었지만 처음인 알란에게는 좀 과할 수 있었는데 사람과 장소와 조직의 이름을 많이 알아야 하기 때문이다.

한국에서 우리 전체 사역의 패턴이 변하고 있음은 말할 필요도 없다. 그 과정은 매우 길며 예측되는 것과 같이 어떤 때는 아픈 과정이다. 한국교회와 우리 선교사들을 위해 계속 기도하기를 희망한다. 성령이 함께하시어 인내와 사랑 속에 예수 그리스도의 은혜를 계속 전하고, 우리의 삶을 통하여 안 믿는 자들이 그리스도를 믿을 수 있도록 말이다.

마산에 도착하여 5주가 빨리 지나갔다. 미션 박스가 12월 13일

도착하였지만, 성탄절 전까지 물품들을 다 풀고 구별하여 다시 포장하지 못하였다. 던 양이 어느 정도 작업하여 성탄절에 사용할 수 있었다. 한 가지 제안하고 싶다. 미션 박스를 보내는 비용과 또 한국에 도착하여 취급해야 하는 비용이 매우 비싸다. 미션 박스 중에 마산으로 표기된 것을 운반해 와 풀어보면 어떤 것은 부산의 병원 것이다. 그러면 다시 포장하여 부산으로 보내야 한다. 윌리엄스 타운으로 보내기 전 병원 물품을 따로 포장하여 보내면 그곳으로 직접 갈 것이다.

나의 작은 경험으로는 아이들이 학교에서 쓰는 공책, 연필, 색연필, 분필, 바느질과 뜨개질 도구가 마산에서 필요하다. 바느질과 뜨개질 도구는 과부 프로젝트를 위하여 필요하다. 비누는 언제나 유용하고, 성경 그림은 단체 강의를 위하여 쓰인다. 만약 책을 보낸다면 한국 어린이들은 영어를 못한다는 것을 잊지 말고 큰 그림책을 보내는 것이 좋다. 어린이를 위한 따뜻한 옷이 필요한데 마산에는 작은 아이들이 많다.

일반 가정상비약도 많이 필요하다. 아이들이 넘어지거나 배나 머리가 아플 때 필요한 약과 감기약과 비타민도 필요하다. 저번에 보내준 담요는 집에 불이 난 과부와 어린이에게 주어 겨울을 따뜻하게 보낼 수 있게 하였다. 마지막으로 미션 박스는 구호를 위한 물품이라는 것을 기억하라. 선교사에게 보내는 개인적인 선물은 미션 박스에 담으면 안 된다. 여러분 모두에게 인사를 전한다.

리타 스튜어트
['더 크로니클', 1958년 5월, 4-5]

17. 문창교회와 남산교회

우리는 8시에 일어나 8시 반에 아침 식사를 하였다. 리타가 설교 준비로 밤새도록 깨어있었기에 우리는 아침 식사 준비와 설거지를 도왔다. 그리고 우리는 문창교회에서 예배를 드렸다.

오후에는 편지를 쓰고 차도 마셨다. 비가 계속 내렸지만, 리타와 나 그리고 김 씨는 남산교회로 갔다. 박 목사와 내가 같이 앉았고, 리타와 한 명의 집사가 예배를 인도하였다. 김 씨는 리타의 설교가 좋았다고 하였다. 그러나 억양이 아직 부자연스러웠다. 박 목사가 나에게 축도를 부탁하였다. 나는 다음에 하겠다고 하였다. 그러나 소용없었다. 나는 '하나님의 은혜를 축원합니다'를 '하나님의 은행을 축하합니다'로 발음하였다!

박 목사의 집에서 우리는 수박과 참외와 포도를 먹었다. 그 후 많은 비가 내리는 가운데 우리는 집으로 왔다. 나는 고무신을 신고 있어서 다행이었지만, 김 씨는 리타의 것을 빌려야 하였다. 리타는 자신의 신을 내어주고 가죽신을 신었다. 우리는 어둠 속에 여러 번 물웅덩이를 건너야 하였다. 우리는 집에 와 비나와 함께 저녁을 먹었다.

['알란 스튜어트의 일기', 1958년 8월 17일]

18. 마산여전도회 총회

부활절 기간에 나는 마산노회 여전도회 총회에 참석하였다. 이 시기 벤디고노회에도 비슷한 모임이 있기에 나는 고향의 여선교연합회의 친구들을 생각하였다. 우리는 문창교회의 교육관에서 모였다. 모두 마룻바닥에 앉았는데 한국 여성들은 바닥에 잘 앉는다. 앉을 때 다리를 접고 일어설 때 다리를 펴며 문제없이 일어선다. 그때마다 나는 나 자신이 코끼리 같이 느껴지는데 그 과정이 나한테는 너무 어렵기 때문이다. (중략)

공식 대표와 손님들에게 꽃을 주었는데 진짜 꽃이 아니고 종이꽃이었다. 어떤 장미는 정말 아름답게 만들었다. 대표와 손님에 따라 다른 종류의 꽃을 줘 색깔도 구별되었다. 예배와 회의가 구분되어 진행되었다. 성 금요일 전날이어서인지 예배시간이 길었다. 언제 회무를 다 처리할까 싶을 정도였다. 남성들도 꽤 보였는데 공식 손님은 아니었고 관심이 있어 자발적으로 참석한 사람들이다.

이곳 여성들이 하는 일을 여러분은 알고 싶을 것이다. 나의 부족한 한국어로 이들의 토론 내용을 다 이해하지는 못해도 몇 부분은 알 수 있었다. 그중의 하나가 자신의 마을에서 어떻게 전도하느냐였다. 이들은 그 일을 위하여 자신을 헌신하는 것은 물론 돈과 시간과 재능을 다 쓰고 있다. 매주 자신의 마을 집들을 방문하여 교회에 큰 도움을 주고 있다. 새로 온 교인이 있으면 그들을 심방하며 교회에서 멀어지지 않도록 돌보기도 한다. 또한, 교회가 목회자를 지원하지 못할 때

재정적인 모금을 통하여 목회자를 돕는다. (중략)

이 총회가 던 양에게는 마지막 모임이었다. 여전도회는 그녀에게 감사하며 안녕을 고하였다. 이들은 호주교회가 한국의 복음화를 위하여 함께 힘쓰는 것에 항상 감사한다. 환송 예배는 위엄과 진심이 있었다. 몇 여성들의 감사와 고별 연설은 매우 감동적이었다. 던 양도 그것에 상응하는 응답을 하였다. 교회 대표가 나와 전통적인 인사를 서로에게 하였고, 던 양에게 칠기 쟁반을 선물로 주었다. 우리는 그녀를 매우 그리워할 것이다.

스튜어트 부인

('더 크로니클', 1958년 9월, 10)

19. 희망촌교회

미션 박스의 물품을 싣고 우리는 김병기의 교회로 향하였다. 이 교회는 희망촌에 있다. 김 장로는 격정적으로 설교를 하였고, 축도는 물론 내가 하였다. (중략) 예배 후 우리는 그의 집에서 고구마에 김치를 먹었다. 그는 비닐하우스에 오이를 훌륭하게 키우고 있었다.

('알란 스튜어트의 일기', 1958년 12월 21일)

20. 자랑스러운 부모

(조이스 앤더슨과 리타 스튜어트, 1960. 사진 출처: 서두화 가족 앨범)

한국 마산의 알란 스튜어트 부부가 5월 16일 아들을 출산했다는 기쁜 소식이 있다. 이름은 크리스토퍼 존이다. 자랑스러운 부모에게 우리의 축하를 보낸다. 한국인 친구들도 매우 기뻐할 것이다!

빅토리아여선교연합회

('더 크로니클', 1959년 8월, 10)

21. 일신부인병원의 아들

지난주 우리 집에서 매우 중요한 모임이 있었다. 아들의 백일잔치였다. 한국인 친구들이 백일의 중요성에 관하여 강조하였고 우리는 한국의 관습을 따르기로 하였다. 많은 친구가 와 축하와 사랑을 전하여 주었다.

여러분은 일신부인병원에 관하여 많이 들었을 것이다. 그곳에서 아이를 낳은 환자로서 나는 병원 이야기를 하려고 한다. 물론 나는 특별한 돌봄을 받았지만 아마 다른 환자들도 공통으로 경험하는 내용일 것이다. 먼저 여러분 중 혹시 내가 한국에서 애를 낳았다고 안타깝게 생각한다면 잘못된 생각이다. 오히려 일신병원에서 멀리 떨어져 있어 올 수 없는 환자가 안타깝다. 마치 아이를 집에서 낳는 것 같은 세심한 돌봄을 받았다. 헬렌과 캐시 맥켄지 자매의 손길은 그 어디에서도 경험할 수 없는 특권이었다. 그들은 출산 과정 내내 나와 함께 하면서 돌보아 주었다.

어느 순간에 헬렌이 말하였다. "여기 있어요. 아들입니다." 조용한 토요일 오후에 축하의 함성이 터졌다. 그 후 크리스토퍼에게 두 가지 습관이 생겼다. 배가 고프면 크게 소리를 지르는 것하고, 아니면 자신의 주먹을 빠는 습관이다. 많이 배가 고프면 두 주먹 다 빤다. 나는 개인 병실에 있었는데 고향에서는 여러분이 이런 병실에 어떻게 반응할까. 가구는 매우 단출하여 침대 하나에 옷장과 의자 그리고 아기 침대만 있을 뿐이다. (중략)

우리가 병원에 있는 동안 크리스토퍼는 다른 아기들처럼 호주에서 보내준 귀여운 병원 옷을 입었다. 미션 박스를 통하여 여러분이 보낸 준 물품이다. 감사하다. 간호사들은 밤에 크리스토퍼를 자신의 방으로 데리고 갔다가 아기가 배가 고파하면 나에게 돌려주었다. 이들은 서양 아기를 매우 이뻐한다. 나는 병원에서 하루 네 번 주는 밥과 미역국을 먹지 않고 베스 헤젤딘이 자신의 집에서 요리하여 가져다주는 음식을 먹었다. (중략)

이제 크리스토퍼는 크고 건강한 아이가 되었다. 일신병원 출신의 훌륭한 본보기이다. 머리카락은 금발이고 눈은 파랗다. 교회에서나 길에서 사람들이 둘러서 쳐다보아도 미소를 잃지 않는다. 어쩌면 너무 많은 관심을 받는 것 같다. 보통 사람들은 이 아이를 보며 두 가지를 말하는데 "귀엽다"와 "깨끗하다"이다.

내 이야기를 너무 많이 하여 미안하다. 일에 관하여는 맥납 양이 쓸 것이다. 이번 학기에 알란은 서울에 가지 않고 집에서 공부하고 있다. 그에게는 좋은 한국어 교사가 있는데 한 집사라고 마산의 어느 교회 사람이다. 나는 공중에서 한국어로 말할 자신을 점점 잃고 있다. 그러나 곧 다시 공부를 시작할 것이다. 교도소에서 가르쳐달라는 요청을 또 받았다.

알란과 한 집사를 위하여 기도해 달라. 내년부터는 이곳 노회의 일에 전폭적으로 참여할 수 있도록 말이다. 알란과 나는 여러분께 안부와 감사를 전한다. 하나님이 계속하여 여러분의 선한 사역을 인도하고 축복하기를 기원한다.

여러분의 신실한 친구, 리타 스튜어트
('더 크로니클', 1959년 11월, 8)

22. 첫 한국어 설교

한국어 공부를 계속하고 있기에 다른 일은 하지 못하고 있다. 노회가 운영하는 학교 위원이라 시간 날 때 위원회 모임에 참석한다. 무슨 토론을 하는지 거의 알아듣지 못하지만, 그래도 어떤 위원들보다는 지적으로 보일 것이다. 그 위원들은 계속 졸거나 창밖만 쳐다보기 때문이다.

마산에서 새 건물 건축이 진행되고 있다. 스터키 씨가 이 일을 책임 맡고 있지만, 그가 바쁠 때는 내가 가 보아야 한다. 우리 선교부 지경에 차고가 있는 새 집을 지었고, 울타리를 올리고 길도 닦았다. 스터키 씨가 고생을 많이 하였다. 이제 그곳에서의 큰일은 마무리되었다. (중략)

나는 올해 총회에 처음 참석하였다. 그러나 불행히도 회무 처리 모습은 볼 수 없었다. 총대들은 자리를 어떻게 배열하느냐는 문제로 강한 이견이 있었고 총회장 문을 박차고 나가는 사람도 있었다. 이 문제로 이미 분열된 장로교회가 더 어려워지지 않기를 바란다.

지난 학기에 나는 서울에 가지 않았다. 가정사도 있었지만, 나의 언어교사가 훌륭하기 때문이다. 그와 집에서 공부하는데 매우 만족스럽다. 그는 이 지역 교회의 집사로 헌신 된 일꾼이다. 대부분 한국인은 목사에 대하여 존경심을 가지고 있지만, 그는 내가 틀릴 때 주저하지 않고 지적해 준다. 이것이 이상하게 들리겠지만, 이곳에서 올바른 과정과 절차를 알기 어렵다. 우리가 어떻게 하던 이곳 사람들은 말하지 않고 다 용납하기 때문이다. 너무 예의가 바른 사람들이다.

    부활절에 나는 처음으로 한국어 설교를 하였다. 그리고 10월까지 계속하고 있다. 다음 주부터 좀 더 자주 할 계획이다! 나의 형제는 선교사가 세상에서 가장 쉬운 직업이라고 한다. 일 년에 두 번만 설교하면 되니까 말이다. 그러나 그것을 준비하는 과정은 쉽지 않다. 설교 한번 잘하려고 한 달을 꼬박 쓴다. 먼저 영어로 문맥이 통하는 설교문을 쓰고 그것을 한국어로 번역한다. 그러면 그 내용이 조금 바뀌게 된다. 그다음 한국어 선생이 그 내용을 고쳐주면 세 번째 설교문이 된다! 처음 의도한 내용과 많이 달라질 수 있다. 언젠가 원래의 설교문으로 설교할 수 있기를 바란다.

알란 스튜어트
('더 크로니클', 1960년 3월, 7)

23 신익균과의 만남

    창신학교 이사장께서 졸업반 학생 중 한 명을 후원해 달라고 연락하였다. 대구의 대학에 보내자는 제안이었다. 이전에도 요청을 받은 경험이 있어서 우리는 약간 회의적이었고, 이것이 학교에 어떤 도움이 될지 궁금했다. 우리의 선교사 월급은 생활에는 충분하지만, 학생의 대학 학비를 후원하기에는 턱없이 부족하다. 필요하다고 확신했다면 어떻게든 도왔겠지만, 초기에는 약간 주저하였다.

우리가 그 학생을 만나보니 그는 유망한 청년이었고, 그의 잠재력과 기본적인 인격은 그를 알게 되면서 더욱 높아졌다. 처음부터 거절하지 않은 것이 정말 다행이었다는 생각이 들었다.

우리가 그 청년을 항상 익균이라고 불렀다. 그는 음악에 관심이 많고 재능이 있었는데, 음악이 그의 가장 큰 사랑이었던 것 같다. 우리는 그에게 공학을 공부하라고 제안했고, 그는 서울 한양대학교에 입학하였다.

호주선교사들, 특히 캐스 리체(Cath Ritchie)와 빅토리아 가디너 장로교회 장로 글렌 스미스(Glen Smith) 씨가 그의 학비를 거의 책임졌고, 익균이는 1963년경에 졸업했다. 그를 알아가면서 그의 아버지가 일찍 돌아가셨고, 한국 전쟁 당시 부상당한 어머니와 헤어졌다는 사실을 알게 되었다. 그와 여동생은 미군에게 구조되어 마산의 한 고아원으로 보내졌다고 한다.

이런 인연으로 익균이는 나를 항상 아버지라고, 리타를 어머니라고 불렀다. 익균이가 결혼을 결심했을 때, 그는 우리가 그의 예비 신부를 승인해야 한다고 하였다. 만약 우리가 그의 선택을 거부했다면 그가 어떻게 했을지 모르겠다!

['서두화의 글', 1960년 3월 24일]

24. 수습위원회 회원

양측은 노회가 통합되도록 노력하고 총회가 통합되도록 힘쓰기로 합의하였다. (중략) 경남노회는 현 분규 상황에서 전통성에 대한 분명한 입장을 전국 노회장 회의 결과 보고를 통하여 분명히 밝히고 있다. 총회의 명칭은 '대한예수교장로회 제44회 (통합) 총회'로 결정하였고, 각 노회장 회의에서는 노회장, 총회 임원, 선교회 대표로 수습위원회를 구성하여 실행위원을 선정하였다.

총회: 경기 유재한(위원장), 호남 오석주, 영남 김진호, 충청 박종열(서기)
선교회: 감의도(회계), 라요한, 서두화

['부산노회사', 2005, 443]

25. 분열하는 교회

여러분의 소포가 10월 말에 도착하였다. 우리는 소포 안의 물건을 즉시 나누어 주었는바 마산에 도둑질이 극성이기 때문이다. 지난 태풍으로 큰 피해를 본 교회에 선물을 나누어 주었다. 두 주전에 나는 그곳을 방문하여 처참한 모습을 목격하였다. 태풍이 불 때 이곳의 많은 사람은 아이들만 데리고 산으로 몸을 피했다. 그곳에서 그들은 자신들의 집이 불어난 강물에 의하여 쓸려내려 가는 모습을 보았다. 어떤 집은 흔적도 없이 사라졌다. 더 비극적인 일은 논도 강같이 되어 식량을 모두 잃었다는 것이다. 여러분이 보낸 옷이며 담요가 이곳 사람들에게 큰 도움이 될 것이다. 곧 이곳은 밤낮 할 것 없이 더 추워질 것이다.

이곳의 교회가 더 갈라지지 않도록 우리는 최대한으로 노력하고 있다. 칼 매킨타이어와 몇 사람이 세계교회협의회가 공산주의자이고 신학적으로는 현대적이고 자유주의적이라고 주장하고 있다. 화해를 위한 이 과정에 편견이 아닌 지혜, 자기 정의가 아닌 사랑을 간구하며 기도하고 있다. 우리 교회를 위하여 함께 기도해 달라.

알란 스튜어트

('더 크로니클', 1960년 5월, 11)

26. 선교사와 현지인

이 나라에 큰 재난이 지나가는 동안 여러분이 염려를 많이 해주어 고맙다. 여러분이 기도한 것을 잘 알고 있다. 먼저 우리는 태풍에 피해를 보지 않았다는 것을 알린다. 그러나 뉴스를 보거나 한국인 친구들과 이야기해보면 심각한 상황이었다. 우리는 안전하였지만, 이곳 친구들은 큰 피해를 보았는데 어떻게 보면 수치심도 든다. 우리는 보통의 생활을 얼마나 이들과 나누고 있는가. 우리는 호주인이고 안전장치가 있기에 이런 상황을 모면해도 되는가. 여러분을 대신해서 우리는 이곳에서 일하고 있지만 말이다. 이 두 가지 정체성을 다 지키는 것이 때로 스트레스이고 불안정하게 느껴진다. (중략)

(서두화 부부의 집 대문, 1950년대 말.
사진출처: 서두화 가족 앨범)

이 땅의 청년들을 위한 기도를 요청한다. 특히 기독 청년들의 역할이 중요하다. 학교를 졸업한 기독 청년들이 교회와 사회 안에서 중직을 맡기 시작하였다. 이들은 이 땅에서 일어나는 일 중 하나님의 뜻과 반대되는 것은 수용치 않고 교회가 이 혼란한 사회를 정화하기를 갈망하고 있다.

이것은 우리에게도 큰 격려가 된다. 동시에 도전도 되는바 하나님께서만 주시는 인내와 사랑과 지혜가 필요하기 때문이다. 우리가 여러분에게 요청하는 것은 돈이나 물건이 아니다. 이 나라에 관심을 두고 이곳의 정치와 교회에 관해 많이 배워 여러분의 기도 속에 계속 기억해 달라는 것이다. 우리가 예수 그리스도의 신실한 증거자가 되어 눈에 보이는 악을 향하여 용감히 소리칠 수 있도록 말이다. 하나님의 뜻만 의지하며 따를 수 있도록 힘주시기를 간구한다.

리타 스튜어트

('더 크로니클', 1960년 7월, 10)

27. 한국보고서

현재 한국의 교회 상황을 설명하기란 쉽지 않다. 여러분이 다 이해하기도 쉽지 않은 상황이다. 교회의 일반적인 이야기부터 시작하겠다. 먼저 한국장로교회는 매우 편협하고 보수적인 신학으로 묶여있다. 나는 '묶여있다'라는 단어를 일부러 사용하였다. 여기서 우리가 묻는 자연스러운 질문은 선교사들도 이런 상황에 책임이 있는가이다.

복음이 처음 이곳에 선포되었을 때 예수를 주로 고백하는 자를 시험하여 교회 안으로 받기 위하여 일정한 기준과 수준이 필요하였다. 그때그때 상황에 맞는 기준보다 확실한 규정을 세워야 교회를 지키기가 더 쉬웠다. 그로 인하여 첫 선교사들은 기독교인이 수용해야 하는 신앙과 신조와 행실의 기준을 설정하였다.

먼저 성경을 영감으로 기록된 하나님의 말씀으로 무조건 받아들여야 하였다. 그래서 그 말씀이 인간에게 어떻게 전해졌는지 그리고 오늘날의 모습으로 어떻게 쓰였는지를 묻는 것은 죄악이 되었다. 만약 그런 질문을 하는 사람이 있으면 그는 성경을 믿지 않는 것으로 비난받는다. 여러분의 대표로 이 땅에 있는 우리가 용의자들이다.

그다음으로 장로교 신앙의 신조와 고백을 믿는 것이다. 특히 사도신경과 웨스트민스터 신앙고백이다. 이 문서와 신조에 부여된 경외심이 너무 지대하여 그것의 가치에는 하나의 오점도 없고, 그래서 그리스도께 충성하기보다 이 문서에 더 충성하게 되었다.

세 번째는 새 신자에게 요청되는 행동이다. 금연과 금주 그리고 십일조가 그것이다. 우리는 이것이 그리스도인들에게 어떻게 행동해야 하는지 너무 쉽게 가르친 것은 아닌지 궁금하다. 무언가 바리새인들의 율법주의를 생각나게 한다.

장로교 교인에게 기대하는 또 다른 한 가지는 장로교 정치와 제도만을 받아들여야 한다는 것이다. 그것은 교회 회원 자신들에 의하여 선출된 지도자를 통하여 집행되는 합법적인 행정 기구이다.

이 나라는 오랫동안 유교적 행동 양식을 지키며 높여왔다. 항상 학자를 존경하고, 청년은 노인을 공경하도록 훈련받고, 여성은 스스로 낮은 위치에 서 왔다. 이 의미는 목사에 대한 존경심이 건강하지 못할 정도로 존재하고, 장로도 거의 비슷한 수준으로 존경을 받는다. 목사와 장로에 대한 이러한 경외심은 그들에게 막중한 책임도 같이 주어진다는 의미이다. 그 결과 이들은 유혹을 물리치기 어려운 상황에서 자신을 더 높게 생각하고 어떤 비평도 참지 못한다. 많은 목사와 장로가 작은 통치자가 되어 권력을 향한 욕망으로 인하여 제대로 판단을 못 한다. 그리스도의 길에서 멀어지고 또 진정한 장로교 정신에서 멀어지는 이런 모습에 우리가 좀 더 담대하게 외쳐야 하는데 그러지 못하는 우리에게 책임이 있을 것이다.

특히 두 가지가 젊은이들에게 영향을 미친다. 최근에 한국에서 일어난 학생 시위로 인하여 이들은 주목의 대상이 되고 있다. 한국인의 교육열로 인하여 부모는 자식을 위하여 어떤 희생도 감수한다. 가능한 대학까지 보내려 한다. 이런 학문에 대한 열망으로 인하여 청년들은 이상한 환경에 처하게 된다. 교육받은 자기 자신을 특별한 사람으로 여기게 되고 노동의 참된 가치를 보는 시각을 잃어버리게 된다.

또 다른 영향은 나이 든 기독교인 세대는 젊은 세대만큼 민주주의에 익숙하지 못하다는 사실이다. 청년들은 자신의 의견을 표현하며 지도자들의 의견에 질문한다. 그들은 그리스도의 도전을 새롭게 마주하고 있고, 성경을 날카로운 비평의 눈으로 읽으며, 질문을 서슴지 않는다. 그리고 그 그리스도의 가르침을 자신의 생활에 적응하려는 도전을 수용한다.

마지막으로 이곳에서 놓치지 말아야 할 요소는 공산주의에 관계된 것이다. 북한 공산주의에 대한 두려움이 이곳 사람들 생활 전반에 영향을 미치고 있다. 최근 이곳 교회에서 일어난 논쟁과 분열도 이것과 관계되어 있다. 작년 10월 장로교 총회에서 교회가 비극적으로 세 개로 갈라졌는데 또 분열이 일어났다. (중략)

이런 상황에서 슬프게도 세계교회협의회[11]가 오해를 받기 시작하였다. 한 분파의 지도자들이 세계교회협의회가 장로교회의 올바른

---

11) World Council of Churches

전통을 적대하고 자유주의 신학을 신봉한다고 주장하였다. 그리고 한국인들에게 아마 가장 큰 두려움인 공산주의를 끌어들여 그들을 친 공산주의자라고 비난하였다. 이들은 전국복음주의협의회[12]와 결합하여 다른 훌륭한 조직 안에 불신을 불러일으켰다.

나는 모든 문제를 복음주의협의회로 돌리고 싶지는 않다. 그렇다고 우리가 속한 에큐메니컬 단체를 무조건 두둔하지도 않는다. 교회론적인 권력에 사로잡혀 있는 지도자와 강한 성격의 개인 간 충돌이 교회 분열의 요소가 되는 경우가 있다. 그러나 말과 행동의 명백한 불일치가 있는 저쪽의 상황과 우리가 당면하고 있다는 느낌이다. 총회의 복음주의협의회가 11월에 따로 모였기에 이제 우리 교회 안에는 잘 조직된 두 개의 단체가 존재하고 있다. 서로 자신들이 전통성 있는 총회라고 주장한다. 둘 다 화해위원회를 설치하였지만 말이다.

그 결과 총회와 협력하는 세 개의 해외선교회 선교사들이 어려운 상황에 놓이게 되었다. 우리는 이런 상황에 어떤 문제도 가중하기 원치 않으며 어떤 쪽 편을 드는지 보이고 싶지도 않다. 그래서 우리는 양쪽 모두에서 초청하면 참관자를 보내기로 하였다. 세 개의 선교회는 장로교 공의회[13]로 미국남장로교, 미국연합장로교 그리고 호주장로교 선교회로 구성되어 있다.

이 공의회에서 성명을 발표하기로 하였는바 지금까지 함께 해 왔던 일을 계속한다는 내용이다. 공의회는 또한 세 명으로 구성된 팀을 남한의 모든 노회에 보내 서로 모여 차이점을 상의하고 더는 분열하지 않도록 격려하기로 하였다. 그런데 노회마다 이들의 추천을 받아

---

12) National Association of Evangelicals
13) Presbyterian Council

들이는 정도가 달랐다. 복음주의협의회 세력이 강한 노회에서는 이들의 화해 권고를 막는 모습이 분명히 있었고, 노회 안에 분열을 조장하는 모습까지 보였다. 한가지 떠오르는 불안한 특징은 회개의 필요성을 느끼는 노회원들이 별로 없다는 것이다.

 화해의 노력은 선교사뿐만 아니라 많은 한국인도 동참하고 있다. 특히 교회 안의 여성들이 화해를 위하여 가장 크게 노력하고 있다. 또한, 양쪽 어디에도 속하지 않고 중립적이라는 그룹도 있다. 화해를 향한 노력의 일환으로 에큐메니컬 지도자들은 문제가 되는 세계교회협의회에서 탈퇴하겠다고 약속하였다.

 한국장로교회 연합 총회가 2월에 모이기로 하였는데 선교사 공의회가 중요한 역할을 하였다. 이 모임에서 우리는 모두가 참여하는 하나의 총회만 인정되도록 마지막 순간까지 노력하였지만 실패하였다. 계속되는 선전 선동과 돈으로 시골 미자립 교회 총대의 마음을 사는 행태가 있었다. 삼 분의 이 정도가 연합하였고 나머지는 복음주의협의회 소속이었다. 화해에 있어서 돈의 숫자가 얼마나 큰 작용을 하는지 목도하여 매우 실망스러웠다. (중략)

 이곳의 교회는 아직 배울 것이 많다. 아마 가장 급한 것은 행실이 없는 믿음은 죽은 믿음이라는 것을 배우는 것이다. 성령의 열매가 풍성하지 않다고 해서 '영적인 교회'가 아니라고 말할 수 없는 것처럼, 많은 시간을 들여 성경을 읽고 기도를 한다고 세상에서 가장 '영적인 교회'라고도 할 수 없다. 그러나 우리에게 희망과 격려가 없는 것은 아니다. 오늘날 수많은 젊은이가 자신들의 생활에 그리스도 신앙의 의미가 무엇인지 용기 있게 마주하고, 교회 안의 잘못된 것과 올바른 것에 공개적으로 발언하고 있다.

우리 지역인 마산과 우리 선교회 청년들이 자신이 속한 교회에서 분열의 상처를 치유하는 데 앞장서고 있다. 한국교회의 짐을 함께 나누기를 다시 한번 여러분께 호소한다. 기도의 힘을 믿는다면 지금이 이 땅의 교회를 위해 기도해야 할 때이다. 하나님이 지금까지 이루신 모든 일에 감사한다. 이 위기에 자신을 섬길 일꾼을 찾으시는 주님으로 인하여 기뻐한다. 성령께서 하나님 영광의 진리의 길로 교회를 인도하시도록 기도한다.

리타 스튜어트

('더 크로니클', 1960년 9월, 3-6)

28. 존 브라운을 만나다

시장에 가서 리놀륨을 6,500환/평(1평은 약 6피트 정사각형)에 샀다. 3년 정도 쓸 수 있을 것 같다. 몇 소매치기 청년이 내 주머니를 털려고 했지만 실패했다. 일이 너무 많아 익균이에게 오라고 전보를 보냈다. 그는 믿을 수 있다. 지하실을 청소하였고 의자를 모두 정리하여 적어도 식당은 쓸 수 있게 되었다. 존 브라운과 한국교회에 관하여 몇 번 이야기를 나누었다.

('알란 스튜어트 일기', 1960년 9월 26일)

29. 부산으로 이명하다

(1960년) 11월 7일 제71회 노회 임시노회가 항서교회당에서 열렸다. 호주선교사 서두화의 마산노회로부터의 이명 건을 받아들였고, 노회 수습위원 7명에 4명을 보강하기로 결정하였다.

('부산노회사', 2005, 448)

30. 마산노회 송별인사

마산노회 모임에 당일치기로 다녀왔다. 꼭 필요한 건 아니었지만 마지막 인사를 하러 갔다. 김길창 목사가 호주장로교선교회가 가난하여 외부 자금 없이도 교회가 운영될 수 있으니 절망할 필요는 없다고 말하여 기뻤다. 김석찬 목사는 우리 호주선교회가 선교사를 더 보낼 수 없으면 대신에 선교사 월급을 지원하거나, 최소한 물질지원 정책을 개정하기를 바랐다. 다소 실망스러웠다. 익균이가 나를 버스 정류장까지 데려다주었다.

('알란 스튜어트 일기', 1960년 10월 5일)

31. 부산진교회 협동 목사

426회 당회.
2. 서두화 선교사를 본 교회 협동 목사로 추대하기로 가결하다.

1960년 10월 16일.

('당회록', 부산진교회, 1960)

32. 익균이의 풍금 연습

(신익균, 서두화, 울산 지역 목사, 1960년대 초,
사진출처: 서두화 가족 앨범)

부산진교회에서 설교하였다. 나중에 들었는데, 예배 후 당회가 열려 나를 협동목사로 임명하기로 결정했다고 한다. 이 결정은 나중에 나에게 전달되었다.

익균이는 아침 일찍 (그의 휴일이었기에) 왔다. 그는 오후 내내 풍금을 연주했고, 저녁에는 우리가 그를 위하여 파티를 열어주었다. 선물로 준 스웨터가 안타깝게도 조금 작아 그의 머리가 들어가지 않았다. 리타가 고쳐주었다. 나는 그에게 인내를 가지고 풍금 연습을 하라고 가르쳤다. 우리는 함께 즐거운 시간을 보냈다.

('알란 스튜어트 일기', 1960년 10월 16일)

33. 부산진교회 주일학교

부산진교회에 일찍 가서 주일학교를 둘러보았다. 학생 수는 많았지만, 수업이나 각 반 구성이 다소 무질서했다. 개선의 여지가 있을 것 같다. 교회에는 교사가 20명이나 있었지만, 대부분의 수업은 예배당 안 긴 의자에 앉아 진행하고 있었다. 교육하기에는 열악한 구조였다. 나도 나의 반을 가르쳤다. 이번에는 주로 한국어로 하였다. 협동 목사로 나는 예배 마지막에 축도를 하였다. 앤디는 감사 헌금을 드리며 아들의 탄생을 알렸다.

('알란 스튜어트 일기', 1960년 10월 30일)

34. 70주년 기념

지난 8월 25일 오후 8시 빅토리아여선교연합회 설립 70주년 기념 예배가 총회 회관에서 열렸다. 총회장 크리치톤 바 목사가 이 예배를 인도하였다. 찬송가 시편 105 : 1~5절을 부른 후, 해외선교부를 대표하여 디커니스 캐서린 릿치[14] 양이 고전 1:17-31절을 봉독하였다. 디커니스협의회 위원장인 엥거스 에디 목사가 기도를 인도하였고, 여선교연합회 총무가 축하 서신을 읽었다. 아이비 맨톤 양, 해외선교부의 관계된 인사들, 그리고 퀸즐랜드와 태즈매니아 여선교연합회에서 온 축하문이었다. 미션 박스 작업을 하는 윌리엄스타운 지부에서는 불참 사과 통지문을 보냈다. 그리고 마지막 축하의 전보는 한국의 선교사들에게서 왔는데 참석자들은 따뜻하게 받아들였다. "기념 축하 인사 – 한국 선교사들"

다음으로 해외에서 오랫동안 봉사한 여선교연합회 선교사들을 캐서린 릿치 양이 총회장에게 소개하였다. 먼저 1905년 한국에 갔던 메리 켈리 양, 현재는 노블 맥켄지 부인을 소개하였다. 그다음으로 마가렛 데이비스 양(1910), 호킹 양, 스텔라 스코트 양, 진 데이비스 박사, 라이트 부인, 에셀 딕슨 부인, 엘리자베스 던 양, 그리고 도로시 레거트[15] 양이다.

그리고 한국에서 온 두 명의 손님도 환영하였다. 이 박사와 최 자

---

14) 이청애 선교사
15) 대마가례, 허대시, 서오성, 대지안, 맥계익, 덕순이, 전은혜, 이혜수 선교사

매이다. 이 박사는 빅토리아여선교연합회 설립 70주년을 축하하면서 선교사들과 일신병원을 통하여 그동안 한국인을 위한 일에 감사를 표하였다.

캐스 캠벨 양이 지휘하는 장로교친교연합회 성가대가 성가 세 곡을 찬양하였고, 홈즈 부인이 여선교연합회 과거를 주제로 연설하였다. (중략) 그리고 하우든 부인이 현재의 연합회에 관하여 소개하였고, 세 루티 양은 미래의 연합회에 관하여 발표하였다.

('더 크로니클', 1960년 11월, 8-9)

35. 마산과 부산의 차이점

미션 박스를 통해서 아니면 개인적으로 사랑스러운 소포를 보내준 여러분께 또 한 번 감사를 보낸다. 올해 그 소포를 풀고 다시 포장하는 작업은 매우 즐거웠다. 소포 안의 선물이 모두 훌륭하여 다루기가 좋았기 때문이다. 옷 뜨개질을 하거나 담요를 만들 때 여러분이 얼마나 즐기는지는 몰라도 부드러운 양모제품을 받는 한국인들의 기쁨을 생각하면 여러분의 즐거움은 배가 될 것이다.

우리가 제안한 따뜻한 파자마를 많이 보내주어 감사하고, 특히 여러 예쁜 색과 패턴의 옷은 이곳 아이들의 마음을 기쁘게 한다. 이곳 한국인 남성의 크기를 잘 모르는 회원들이 보낸 큰 옷이 있는데 이곳 남성의 평균 치수는 작은 것에서 중간 크기임을 잊지 말라.

마산에서 했던 일과 이곳 부산에서 하는 일이 다르다는 사실에 우리는 놀랐다. 이곳에서는 마을 평신도 설교자와의 접촉이 많지 않다. 그 대신 기관들과 더 관계를 많이 맺는다. 고아원, 양로원, 나환자 요양소, 어린이 장애인 보호소, 은퇴한 남녀 목회자 요양원 등이다. 이 단체 목록이 여러분에게 어떤 물품을 보내야 할지 아이디어를 제공하리라 믿고, 무엇이든 아무리 많이 보내도 남음이 없다.

남녀 성인과 아이들을 위한 옷은 항상 환영받는다. 남성을 위한 양말, 목도리, 장갑, 바지, 잠옷 등이 필요하다. 올해 매우 큰 목도리가 왔는데 노인 여성들이 그것으로 온몸을 덮고 교회에 온다. 예배당 안에서는 그것을 찬 바닥에 깔고 앉기도 하여 다목적으로 사용되고 있다. 여러 패턴의 퀼트가 있지만, 노인들은 여러 색을 섞어도 마음에 두지 않는다. (중략)

1960년을 보내면서 한국교회에 매우 관심 있는 일이 발생하고 있다. 우리가 개인적으로 그 일에 참여하고 있지는 않지만 기도하는 마음으로 지켜보고 있다. 이전에 두 개 장로교 단체의 연합 움직임에 관하여 쓴 적이 있다. 하나는 고려파로 한국이 일본에서 해방한 후 갈라져 나간 단체이고, 다른 하나는 작년에 갈라져 나간 전국복음주의협의회이다. 흥미로운 부분은 고려파에 가장 적대적인 많은 사람이 대부분 복음주의협의회 지도자들이었다는 사실이다. 이들이 연합하는 진짜 이유는 알기 어렵지만, 만약 우리가 속한 총회를 적대하기 위한 연대의 움직임일지라도 연합을 향한 첫 발걸음이므로 우리는 기쁘게 생각한다. 여러분들도 한국교회를 위하여 계속하여 기도해 주기 바란다.

1961년 초, 부산진교회 청년들로 인하여 우리는 격려를 받았다.

지난주일 이들은 우리를 특별 음악 예배에 초청하여 우리를 환영하며 선물을 주었다. 우리와 부산에 와 함께 일하게 된 것을 감사한다고 하면서 이곳에서 너무 외롭거나 사람들이 때로 나쁜 말을 해도 용기를 잃지 않기를 바란다고 하였다. 나이 든 교인들은 자신들이 알던 선교사들과의 관계를 회고하였다. 그리고 그들은 선교사들을 사랑으로 기억하고 있다는 것을 여러분이 알기를 원한다고 하였다.

알란 스튜어트와 스튜어트 부인, 부산.

('더 크로니클', 1961년 5월, 12-13)

36. 두 번째 아들

(스튜어트 부인은 자신의 편지를 두 번째 아들 그레임 로버트 출산 이야기로 시작하였다. 엄마와 아들 모두 건강하다. 다음은 계속되는 그녀의 편지 내용이다.)

이년 전 내가 이곳에 입원하였을 때 병원 기숙사에 관하여 쓴 것을 기억하는가? 당시의 낡은 건물과 간호사들이 힘든 일과 후에 집으로 돌아가야 하는 어려움이 있었다. 이번에는 완전히 다른 모습이었다. 대부분의 낡은 건물은 무너졌고 한국인 일꾼들이 새 기숙사를 짓기 위하여 일하고 있다. 여러분의 후원으로 이루어지는 새로운 풍경과 기쁨이다.

(알란의 가족, 1961.
사진 출처: 서두화 가족 앨범)

병원에 있으니 우리의 친구가 생각났다. 이곳에서 신실하게 일한 에디스 골트 양이다. 그녀가 우리 곁을 떠났다는 사실이 여전히 믿기 힘들다. 그녀의 남긴 영향은 이곳에 언제나 머물 것이다. 그리고 헬렌과 캐시 맥켄지가 이곳에 있다는 사실이 얼마나 큰 축복인지 다시 한 번 깨달았다. 이들의 의술과 사랑 그리고 친교는 이곳에서 아이를 낳는 기쁨이다.

리타 스튜어트

('더 크로니클', 1961년 8월, 11)

37. 1961년 보고서

지난 한 해 인도하시고 돌보신 하나님께 감사하며 보고서를 시작한다. 1961년은 우리가 부산에서 온전히 활동한 한 해이다. 이곳의 생활은 여러 방면에서 다른데 역할이 다른 것은 물론 물 부족 같은 작은 사항도 있다. 리타에게는 동료들과 매우 가까이 지내게 되어 기쁘고 병원 근처에 있어 아이들에게도 좋다.

부산에서는 다른 선교사들과의 교제가 훨씬 많은데 주중 연합예배를 통하여 그리고 서울과 시골에서 오는 방문자들을 만날 수 있기 때문이다. 특별히 앨리슨, 노마 그리고 베스가 아기를 낳기 전 돌아가며 우리 집에 머물러 즐거웠다. 우리 가정에도 그레임 로버트가 6월 22일 태어났다. 일신병원의 모든 직원에게 다시 한번 친절하고 숙련된 돌봄에 감사한다.

작년 말에 나는 경남노회에 가입되었다. 그리고 올해는 이 새 지역을 알아가는 데 시간을 쏟고 있다. 교단이 분열된 후 나는 부산에 부임하였고 대부분 교회를 잘 알지 못한다. 더군다나 우리 그룹에서 갈라져 나간 교회를 자유롭게 방문하기는 부담스러웠다. 선교사로서의 나의 방문이 오히려 문제를 초래할 수 있는 상황이기 때문이다. 노회장과 부노회장과 같이 시골교회를 방문하는 것은 상호 유익하였는바 그들은 그곳 사정을 잘 알기 때문이고 동시에 그들이 나를 그곳 교회에 소개하기 때문이다. 매년 노회장과 함께 방문할 수 있기를 희망한다.

노회에서의 나의 첫 책임은 부산 상급성경학교위원회 회계이다.

나에게 왜 이 일을 맡겼는지는 모른다! 그러나 위원장이 한 번도 모임을 소집하지 않았기에 나는 돈을 관리하지는 않고 있다.

부산에서의 나의 주된 역할은 가르치는 일이다. 신학교에서의 첫 학기 2월은 완수하였고 3월부터는 세 과목을 가르치고 있다. '예수의 생애와 가르침', '공관복음서' 그리고 '모세 5경'이다. 영어회화반은 맡게 되지 않아 짐을 덜었다. 나는 이 과목들을 가르치게 되어 매우 만족스럽다. 신학교에서 가장 기본적인 과목들이기에 이런 기회가 있다는 것에 감사하다. 수업 내용과 교수 방법 준비에 많은 시간이 필요한데 일주일에 80분짜리 강의가 세 개이기 때문이다.

나의 강의문 여백에 한국어 단어를 쓰기는 하지만 모두 영어로 되어 있다. 신학 강의를 준비하는 일로 나의 한국어 공부 시간은 줄었다. 그러나 올해는 기본적인 강의 준비는 되어 있으므로 한국어 공부에 좀 더 집중할 수 있기를 바란다. 지난해 초 '북과 남'의 싸움으로 인하여 신학교 전체가 슬픔에 빠졌었다. 그 후 문제는 유연하게 취급되었고 지금은 최소한 겉으로 보기에는 조용해졌다.

부산 상급성경학교에서도 나는 일주일에 세 번 가르친다. 영어와 두 번의 마가복음이다. 이 강의는 특별히 많은 준비가 필요치 않다. 젊은 목회자들을 위하여 영어 성경반 개설을 시도하였지만, 우리 모두 신학교 야간반에서 강의하므로 시간을 찾기가 어려웠다. 이 시도는 결국 이루어지지 못하였다.

부산에 온 지 얼마 안 되어 나는 부산진교회 협동 목사가 되었다. 이 시기는 교회 담임 목사의 오랜 병으로 인하여 교회가 약해져 있던 때였다. 나는 교회의 당회와 위원회 모임에 몇 번 참석하였지만, 청년회가 특히 나의 관심을 끌었다. 그러나 담임 목사가 건강을 회복하였고 부목사도 임명되므로 나의 도움은 크게 필요하지 않다. 나는 고등부에서 성경을 가르쳐 왔지만, 시골교회를 자주 방문하므로 그것도 그만두어야 할 상황이다.

지난 5월은 기억할만한 달이다. 5월 5일 터비 씨가 호주로 돌아갔고 16일에는 군사혁명이 일어났고, 23일에는 에디스 골트 간호사가 운명하였다. 터비 씨의 귀국으로 그의 일 대부분이 나에게 떨어졌다. 그리고 군사혁명이 우리의 사역에 영향을 미칠지는 좀 더 두고 보아야 할 것이다. 에디스의 죽음은 병원 직원들에게 우선적으로 영향을 미쳤지만, 우리 모두 슬펐다. 크리스토퍼는 사랑하는 이모를 잃었는데 그녀는 우리가 사랑하고 존경하던 친구이다.

터비 씨는 나에게 몇 가지 일을 물려주었는바 경남 지역의 시골 프로젝트, 일신병원의 위원장 그리고 매달의 나환자병원 방문이다. 후에 두 개의 일이 더 주어졌는데 구포 인근의 작은 교회와 부산국립대학 뒤 언덕에 있는 작은 교회 목회였다. 내가 교회 일을 거절하지 않는 이유는 그 일을 통하여 교인들을 가까이 만날 수 있고 직접적이고 긍정적으로 제안도 할 수 있기 때문이다. 지금까지 나는 두 번의 성찬식과 한 번의 세례식만을 인도하였다.

부산진교회에서의 일로 시골교회 방문은 좀 느슨해졌지만, 내년에는 좀 더 자유롭게 다닐 수 있을 것이다. 세 번의 시골교회 지도자 강습반에서 나는 같은 내용으로 세 번 강의하였다!

9월경 나의 조사 한 씨가 부산중학교 교사로 떠났다. 그러나 그는 아직 정교사가 아니어서 오후에는 시간을 조절하여 나와 함께 일할 수 있다. 이것으로 우리는 계속 관계를 만족스럽게 이어 나갈 것이다.

다른 남성 선교사들과 함께 나는 9월 총회에 참석하였다. 특별한 문제 없이 지나갔다. (중략) 지난 6개월 동안 나는 선교회 대표로 교회협의회(NCC)에 임명되었다. 그러나 거리와 시간의 이유로 모임에 참석할 수 없는 형편이다. 케년 목사가 나를 대신하여 참석할 것이다. (중략)

마지막으로 올해 나는 선교부 회장으로 두 번째 임기를 보냈다. 서기 비나 맥납 양과 캐시 맥켄지 양에게 감사의 기록을 남긴다. 이들의 효율적인 도움 없이 나의 과제는 불가능하였을 것이다.

알란 스튜어트
1961년 11월
(부산장신대학교 부설 호주선교아카이브)

38. 46개의 교회 방문

총회 일주일 전 우리는 연례 순회로 경남노회 안의 모든 시골교회 방문을 마쳤다. 노회장과 부노회장 그리고 나의 조사와 함께 6일 동안 46개의 교회를 방문하였다. 방문하는 교회마다 다과를 내놓았는데 특히 사이다를 매번 마셨다. 한국인들은 차를 잘 안 마시고, 커피 수입은 금지되어있다. 그리고 물은 맛이 없고 안전하지도 못하다. 우리는 계속하여 가스가 있는 음료를 마셨지만, 모든 것이 트림과 거품만은 아니었다.

(마산노회의 시골교회 방문, 1960년대 초, 사진 출처: 서두화 가족 앨범)

우리는 이 방문이 지역 교회를 돕는 가치 있는 일이라 생각했다. 나의 언어 부족으로 지역의 문제를 깊이 이해하지 못할 때도 있다. 또한, 아직 경험도 부족하고 한국문화에 관한 지식도 제한적이다. 그런데도 이 방문은 작은 교회를 이해하는 데 도움이 될 뿐 아니라 노회가 지역 교회와 가까이할 좋은 기회였다.

먼저 우리는 교회가 성장하고 있는 지역부터 방문하였다. 수창의 교회는 이제 5년밖에 되지 않았지만, 벌써 자급하고 있다. 백 명 이상의 교인이 출석하며 수세자가 60명이 넘는다. 이 교회의 전도사는 지난 9월 3마일 정도 떨어져 있는 마을에 작은 예배 모임을 시작하였다. 매주 주일 오후 벌써 40명 정도가 참석하고 있다고 한다. 그리고 이번 2월에 그는 또 다른 마을에서 예배를 드리기 시작하였다. 그곳에서 한 가정을 전도하여 방 한 칸을 예배당으로 개조하였고, 그곳에서 매주 저녁 모이는데 20명 정도가 참석한다고 한다.

그 전도사는 그러므로 주일 아침에는 수창에서, 오후에는 덕계에서 그리고 저녁에는 명곡에서 예배를 인도한다. 그는 대부분 걸어서 이동하고 있고 또 다른 마을에도 40명 정도가 있다고 하는데 어떻게 할지 모르겠다. 그는 우리 선교회에 자전거를 지원 요청을 하였다. 우리는 이러한 지원을 해본 적이 없지만, 그곳이 부흥하고 있으므로 약간의 지원을 하였다.

그러나 모든 교회가 이런 행복한 상황은 아니다. 가장 실망스러웠던 교회가 있었다. 우리가 방문하였을 때 10명의 교인이 우리를 만났는데 모두 주일 복장을 하고 있었다. 우리는 교회의 사정을 물었고 짧은 예배도 드렸다. 예배를 마치자 그들은 우리에게 진짜 온 이유가 무엇인지 물었다. 그들은 우리가 첩자처럼 이 교회의 문제점을 파악하러 온 줄로 생각하였다. 이 교회는 비교적 작지 않은 교회였지만 목회자 봉급이 너무 적어 목회자가 오래 견디지 못하고 떠나는 상황이었다. 이들이 마침내 우리의 방문 목적을 이해하자 여러 질문을 하였다. "선교회에서 이곳의 가난한 자들을 도와줄 수 있습니까?" "교회당을 수리해줄 수 있습니까?" "전도사를 지원해줄 수 있습니까?" 등등 이었다.

교회마다 개성이 있고 자신만의 특별한 문제가 있었다. 한 작은 교회는 자급하고 있었다. 그 교회 전도사는 벌을 키웠는데 교인들도 양봉에 참여하고 있었다. 그는 교회 이야기보다 벌 이야기를 더 많이 하였다. 부노회장도 벌에 관하여 관심이 많았다. 교회를 떠나기 전 우리는 양봉장을 둘러보아야 하였다. 물론 사이다도 마셨다.

이곳에서는 전도사가 한 달에 2파운드 10실링으로 생활한다. 그러나 한곳에서는 18파운드도 부족하다고 불평하였다. 가난한 전도사는 불평하지 않는데 좀 더 부유한 목회자는 봉급에 관하여 불평하는 것이 흥미로웠다. 그곳 가까운 곳에 또 한 교회가 있는데 서로 지켜보며 경쟁하는 관계였다. 성경구락부 지원을 받고 있는지? 염소는 잘 크고 있는지? 교회당 건축 후원을 받았는지? 등등 관심이 컸다. 이 두 교회가 서로 만나 대화하면 많은 문제가 해결되겠지만, 과거 어느 시점에 목회자들 간에 다툼이 있었다고 한다.

알란 스튜어트

('더 크로니클', 1962년 9월, 12)

39. 염소와 양봉 프로젝트

우리 선교부 관심사 중의 하나가 염소와 양봉 프로젝트이다. 가난한 교회를 돕기 위한 자급 활동으로 염소와 벌을 통하여 개인의 생활 수준이 나아지면 교회도 유익을 얻기 때문이다. 지역 교회의 도움을 받아 우리는 이 활동을 시작하였다. 어떤 때는 돼지로, 어떤 때는 염소로, 어떤 때는 젖염소를 지원하고 혹은 소나 꿀벌이나 닭도 지원하고 있다.

이 활동에 참여한 개인은 약속한 날까지 지원받은 돼지나 염소

아니면 돈을 우리에게 돌려주어야 한다. 그러면 우리는 그 종잣돈을 가지고 또 다른 교회에서 이 프로젝트를 시작한다. 그러므로 이번 방문에서 우리는 염소젖이나 돼지 교배나 병아리 부화에 관하여도 지적으로 이야기하였다!

우리는 또한 전국 나환자요양원 교회에서 즐거운 시간을 보냈다. 이곳은 원래 헬렌과 캐시 부친인 노블 맥켄지[16] 선교사가 세운 곳이다. 이곳에서 바다와 항구를 내려다볼 수 있고, 오륙도도 볼 수 있다. 오륙도라고 하는 이유는 썰물 때는 다섯 개의 섬이 보이고 밀물 때는 여섯 개의 섬이 보이기 때문이다. 두 개의 섬이 서로 연결되어 있어 밀물 때는 두 개로 보이기 때문이다. 우리는 이 교회의 사정에 관해서 토론하였고, 6명의 수석 장로들과 예배도 드렸다. 이 교회는 우리 교단에서 가장 큰 교회 중 하나로 400명 정도가 세례명부에 기록되어 있다.

다음 주에 한 지역의 모든 교회 지도자들이 함께 모인다는 긍정적인 소식이 있었다. 우리 선교회에서 11년 전에 떨어져 나간 고신 교회와 다른 교회도 참여한다고 한다. 이들은 이번에 우리 교단에 속한 한 중앙의 교회에서 모인다고 한다. 우리는 이 희망의 징조에 큰 격려를 받았다. 이곳의 교회가 서로의 차이점을 극복하고, 자신의 입장을 내려놓고, 한국의 복음화를 위해 함께 일할 수 있도록 기도하자.

알란 스튜어트
('더 크로니클', 1962년 9월, 13)

---

16) 매견시 선교사

40. 1962년 보고서

　올해가 끝나감에 따라 먼저 하나님께 감사 찬양을 드린다. 그분의 은혜 없이 우리는 우리의 일을 감당하지 못했을 것이다. 감기와 독감으로 활동할 수 없어 어려울 때도 시편 91편 7절이 생각하며 이겨냈다. "천 명이 네 왼쪽에서, 만 명이 네 오른쪽에서 엎드러지나 이 재앙이 네게 가까이하지 못하리로다." 지금 우리는 건강하며 내년도 건강하고 유용하게 활동할 수 있기를 희망한다.

　그레임 로버트는 지난 6월 마침내 세례를 받았다. 태어난 지 거의 12개월이 다 되어가던 시기이다. 세례가 연기된 것은 부산진교회에 세례식이 있을 때마다 내가 시골에 나가 있었기 때문이다.

　우리에게 계속 방문자들이 오므로 우리가 외롭다고 할 수 없다. 해외에서도 오고 다른 선교부에서도 온다. 특히 고국에서 오는 많은 방문자로 인하여 우리는 행복하다. 지난 성탄절에 리체 양이 왔고, 그 후 맨톤 양, 페어서비스 부인, 딥딘의 스틸 씨가 왔다. 총회 기간에는 시드니의 다이스터 목사 부부가 방문하였다. 세계장로교연맹 회장 로이드 박사 부부도 하룻밤 영접하였다. 어떤 때는 방문자가 너무 많다는 생각도 들지만 우리는 그들로 인하여 즐겁다.

　성경학원과 신학교: 이곳에서 가르치는 일이 나의 주된 업무이다. 이 기관들에 관한 내용은 부산선교부 보고서에 실릴 것이다. 일주일에 강의 시간은 7시간 반, 하루에 2시간 반 그리고 야간에는 5시간이다. 강의 과목은 요한복음(일주일에 두 반), 요한계시록(일주일에 두

반), 공관복음서, 영어, 특별 읽기반(일주일에 한 번)이다. 준비 시간은 각 강의에 최소 6시간씩 걸린다. 일주일에 모두 30시간이다. 강의를 완전히 준비하는 것은 종종 불가능하며 학교 방학 때나 복습과 예습 시간이 난다. 내년에는 너무 많은 과목을 맡지 않기를 바란다. (중략)

올해 단기 성경훈련대회가 1월에 두 주간 열렸다. 나는 교장으로서 모든 책임을 맡았다. 그러나 나는 이 반을 운영한 경험이 없으므로 전에 하던 사람들이 일을 계속하였다. 나는 모세오경과 마가복음을 강의하였다. 대회는 비교적 잘 진행되었다. 이번의 경험을 통하여 내년에는 실수를 줄이고 잘 운영하기를 바라고 있다.

행정: 이 부분의 일이 아마 다른 부분의 일보다 더 많은 시간을 쓰게 하였을 것이다. 종이에 적으면 별거 아닌 것처럼 보이지만 말이다. 부산과 동래 재산 관리, 병원의 구 기숙사 건물철거, 병원 부근 대지 매도, 자동차 두 대 매도와 새 차 한 대 등록, 화폐 환전(회계가 떠나있는 동안), 진주의 재산 고소 건이다. 호주에서는 30분이면 될 일이 한국에서는 방법을 알아도 이틀 걸린다. 경남노회에 남자 선교사가 나밖에 없으므로 교회 선교와 관계에 관한 과제는 나의 '그 외'의 일로 분류이다.

한국어 공부가 우선이어야 하지만 뒤로 밀려났다. 지난 2월에 나는 3학년 언어시험을 보았다. 이 시간은 가치가 있었는데 우리의 수준 평가는 물론 앞으로 공부를 어떻게 계속해야 할지까지 안내해주기 때문이다. 나에게는 한문을 좀 더 공부할 것과 한국의 역사와 지리에 관한 일반 책을 좀 더 읽도록 자문해주었다. 그러나 그 후 나는 그러한 책을 펴지도 못했고 한문 단어 하나 공부하지 못하였다. 시급한 일들이 항상 중요한 일을 밀어내는 현실이다.

1961년 마지막 몇 주는 미션 박스의 선물을 나누어주는 일로 보냈다. 수혜자들을 생각하면 이것은 즐거운 작업이다. 이들은 매우 고마워하는데 특히 전도자들이 그렇다. 일 년 중 아마 이들이 가장 큰 도움을 받는 기회이다.

부산에 있는 교회를 제외하고 이곳에 모두 45개의 지역 교회가 있다. 이 교회들을 방문하는 과제가 있는데 한 교회에서 보통 3년에 한 번 선교사가 설교한다. 어떤 교회는 들어보지도 못한 교회이다. 나는 현재 세 개의 작은 교회 임시 당회장이다. 교회의 상황을 살피며 격려하고 세례문답자를 시험하고 성찬식을 인도해야 하므로 자주 방문해야 하는 일이다. 나는 또한 한 달에 한 번 나환자촌에서 예배를 인도한다. 분쟁이 있는 교회에도 이따금 초청되어 가는데 이 일을 소홀히 여기면 교회가 갈라질 수도 있기에 중요한 책임이다. (중략)

부산진교회의 협동 목사 위치를 계속 이어가고 있다. 어떤 면에서는 명예직이다. 이 교회에서 예배드릴 시간이 거의 나지 않는다. 그러나 대학교 학생반 성경공부(한국어)는 격주로 토요일 저녁 인도하고 있다. (중략)

이곳 선교부를 대표하여 지난해 여러 모임에 참석하였다. 경남노회의 여러 모임에 참석하였고 총회의 영문 서기로도 9월까지 봉사하였다. 그 후 협력사업부 부회장으로 활동하고 있다. 10월에는 선교부 회장직을 내려놓았다. 캐시 맥켄지 양이 서기로 그동안 잘 협력해 주었다.

지난해를 돌아보면 신학교와 성경학교 사역에 큰 만족을 느낀다. 다른 선교회와 교회 사람들을 만나며 큰 격려와 동기부여도 받았다. 불만족스러운 일들은 대개 노회와 관련된 것으로 5~6명의 사람이 전도 활동을 해야 하는 일이 제대로 안 되고 있다.

알란 스튜어트
1962년 말
(부산장신대학교 부설 호주선교아카이브)

41. 미션 박스 수혜자들

부산선교부의 우리 모두가 여러분께 새해 인사를 드린다. 1963년 하나님의 인도하심이 함께 하시기를 기원한다. 작년에도 여러분의 지원으로 우리가 이곳에서 활동할 수 있었다. 특히 때에 맞추어 도착한 미션 박스의 좋은 선물을 성탄절 전에 이곳 사람들에게 다 나누어 주었다. 여러분의 선물을 받는 사람은 누구인가? 그들은 우리 선교부와 가장 가까운 관계를 맺고 있는 친구들이며, 이들의 도움으로 지금까지 일을 잘해 올 수 있었다. 선교부 직원, 조사, 운전사, 개인적으로 도와주는 사람, 그들의 가족 등등이다.

이들 중에는 우리 노회의 목사나 평신도가 있고, 시골에서 아주 적은 봉급을 받으며 목회하는 가정도 있다. 겨우 먹고 살 정도로 생활하는 사람들이다. 과부, 고아, 은퇴한 일꾼, 장애 어린이와 어른, 정신 질환자 그리고 창녀의 삶에서 벗어나 새로운 삶을 사는 한 무리의 여성도 있다. 한국인 남편이 죽거나 떠나 혼자가 되어 일본으로 돌아가야 하는 일본인 과부들도 있다. 또한, 나환자, 성경학교 학생들, 성경구락부 어린이들도 선물을 받고 물론 일신병원 환자와 직원들에게도 선물을 나누어 준다. 이 모든 사람이 여러분이 정성스레 보내준 선물 수혜자들이다. (중략)

학교에서 쓰는 학용품도 수요가 높다. 가장 기본적인 것들이 제일 유용한 것 같다. 공책, 연필, 지우개, 연필깎이, 색연필 등이다. 이곳 어린이들은 영어를 못하므로 이야기책보다 그림책이 더 좋다는 것을 다시 한번 강조한다. 화장실에서 쓰는 물품도 언제든지 환영한다. 비누, 세정제, 수건, 칫솔, 치약, 밴드, 오일 등이다.

미션 박스 수혜자들은 여러분 모두에게 진실한 감사를 전한다. 특히 그곳에서 물품을 포장하고, 큰 상자에 담아 못질하고, 배송하는 모든 힘겨운 과정에 참여하는 회원들께 감사하다. 그 덕분에 손상 없이 상자들이 이곳에 잘 도착한다. 하나님께 모든 영광을 돌리며 우리가 받은 복을 다시 한번 세어본다.

리타 스튜어트

('더 크로니클', 1963년 4월, 3-4)

42. 기근을 위한 모금

알란 스튜어트 목사가 한국 기근 모금에 관하여 위원회에 보고하다. 질리안 목사의 동의와 그릴스 목사의 제청으로 500파운드를 후원하기로 동의하다.

(호주빅토리아장로교 해외선교위원회 회의록, 1963년 8월 7일)

43. 오랜 친구 호주선교회

한국 경상남도의 장로교회를 생각해보자. 그 지역에서 교회는 복음을 선포하고 전도하여 그리스도를 위하여 생명을 구하는 사명이 있다. 어떤 때 그들은 호주장로교선교회를 계속 비난하며 새것을 위하여 오래된 친구를 버리는 것 같다. 그들은 호주선교회가 해야 할 역할을 제대로 못 한다고 의심하였고, 그것은 주로 필요한 만큼의 재정 지원을 못 한다는 이유였다. 그러면 그들은 누구에게 접근하여 재정 지원을 요청할까? 다른 지역에서 일하는 두 개의 미국장로교선교부이다.

미국선교회는 그러나 자신들이 일하는 지역에 일꾼이 더 필요하여 다른 곳을 지원할 수 없어 미안하다는 답을 하였다. 그러자 그들은 옛 친구인 우리 호주선교회로 돌아와 다시 도움을 요청하였다. 십년 안에 한국 남쪽 지역을 복음화하겠다는 것이었다. 이번에 그들은 무엇을 원하는지 명백하게 제안하였고, 그것은 우리가 할 수 있는 능력 안에 있었다. 그들은 우리 선교회가 지금의 규모를 축소하지 말고 협력할 것을 부탁하였고 10명의 선교사를 가능한 한 빨리 더 파송해 달라고 요청하였다. 여러분은 나와 같이 그 의미가 우리에게 무엇을 뜻하는지 알 것이다. 여러분은 10명의 선교사 후보생을 더 찾아야 하고 호주장로교회의 869,232명 회원이 보낼 준비가 되어야 한다. 이 요청에 우리는 어떻게 반응해야 할까? 우리의 기준은 그리스도이다. 사도 바울이 갈라디아교회에 쓴 말씀[17]을 기억해 보기 원한다.

    이미 답은 제시되었다고 믿는다. 우리가 편히 앉아서 우리의 할 일을 다 했다고 말할 수 없다. 한국인 형제들이 이곳의 복음화를 위해서 외롭게 싸우도록 놔둘 수 없다. 지난 6월 내가 호주로 휴가 온 후 이미 릴리안 매튜스[18] 자매가 한국에 도착하였고, 빌 포드 씨와 리차드 우튼 씨[19]도 내년 공부를 마치는 대로 한국으로 파송될 것이다. 그렇다! 10명의 새 선교사가 한국으로 파송될 것을 나는 믿는다. 그러나 나는 아직 만족하지 못한다. 우리가 의지하고 있는 여러분에게 또 하나의 요청이 있기 때문이다.

---

17) 갈라디아서 5:25-6:5. 만일 우리가 성령으로 살면 또한 성령으로 행할지니 헛된 영광을 구하여 서로 노엽게 하거나 서로 투기하지 말지니라. 형제들아. 사람이 만일 무슨 범죄한 일이 드러나거든 신령한 너희는 온유한 심령으로 그러한 자를 바로잡고 너 자신을 살펴보아 너도 시험을 받을까 두려워하라. 너희가 짐을 서로 지라 그리하여 그리스도의 법을 성취하라. 만일 누가 아무것도 되지 못하고 된 줄로 생각하면 스스로 속임이라. 각각 자기의 일을 살피라. 그리하면 자랑할 것이 자기에게는 있어도 남에게는 있지 아니하리니 각각 자기의 짐을 질 것이라.
18) 마희연 선교사
19) 허준과 우택인 선교사

그 요청은 어쩌면 값비싼 요청이 될 수 있다. 그러나 나의 경험상 그리스도를 사랑하는 여러분은 이 제안을 마음에 두고 기도하며 관심을 가지며 지원할 것이다. 우리 지역에 많은 학생이 있는데 이들 중에 일하는 것에 집중해야 할까? 시골 마을에서 목회하는 존 브라운을 도외시해도 되는 것일까? 그는 서울에서 가르치는 일에도 잘 준비되어 있다. 이 나라의 산업화에 참여한 많은 노동자를 위해 먼저 일해야 할까? 혹은 군대에 가 삼 년을 복무하는 청년들 복음화가 더 시급할까? 우리 병원의 한국인 전도부인과 같이 전도할 디커니스가 우리 팀에 필요할까? 의료 시설이 없는 시골 마을에 우리 간호사 선교사를 먼저 보내야 할까?

(서두화와 성서학원, 1962. 사진 출처: 서두화 가족 앨범)

시골 전도, 성경 통신 수업 지원, 부산성경학교와 신학교 강의, 일신병원 사역은 잘 정착되어 여러분도 그 내용을 잘 알고 있다. 그래서 여러분은 그곳에서 일하는 선교사와 한국인을 위하여 기도하며 미션 박스를 보내 왔다. 그러나 새 사역의 방법을 찾으며 고투하는 자들의 음성을 들은 적이 있는가?

좀 더 구체적으로 설명하겠다. 우리 교회 훈련받은 디커니스 조이스 앤더슨[20]의 사역 내용을 아는가? 그녀는 우리 선교부의 활동 한 부분을 맡아 사무실 일, 다섯 개의 환율을 다루는 회계 작업, 미션 박스를 위한 세관 관계, 선교부 자동차 등록, 휘발류 검시 등을 한다. 그리고 병원에서도 일한다. 환자와 직원들에게 가장 효과적인 방법으로 그리스도를 전도한다.

도로시 왓슨[21]이 매일 당면하는 어려운 도전에 관하여도 여러분은 알고 있는가? 그녀는 한국 학생들과 중요한 관계를 맺으며 그리스도를 소개하여 일상생활에 신앙을 적용시키려 노력하고 있다. 조안 잉글랜드[22] 디커니스는 어떤가? 그녀는 특별히 주일학교에 관심이 많다. 그녀의 과제가 너무 어려워 보여 사실상 불가능하다고 생각될 때가 있다.

선교사 목록에 있는 사람들만 언급하여 미안하다. 그들의 아내와 아이들도 우리 선교팀의 일부분이다. 그러나 때로 우리는 우리가 쓸데없는 선교사라고 느낄 때가 있다. 우리가 인내를 가지고 다른 선교사들과 다를 것이 없다는 자신을 가질 수 있도록 기도해 달라. 그리스도의 부름에 신실하게 남아있도록 말이다.

---

20) 안덕희 선교사
21) 원성희 선교사(후에 도로시 언더우드)
22) 임신덕 선교사

마지막으로 빼놓을 수 없는 말이 있다. 우리도 평범한 사람들임을 잊지 말아달라. 인간의 약함으로 자신을 어려움에 빠지게 하기도 하고, 특히 우리와 매일 생활하는 상대방을 힘들게 할 때가 있다. 선교사라는 우월감의 유혹에 넘어갈 때가 있다는 것을 여러분은 아는가? 우리도 평범한 인간 그 이상이 아님을 알아달라. 그리스도께 헌신하는 다른 기독교인처럼 우리도 그분의 거룩한 뜻이 이루어지도록 노력할 뿐이다.

우리는 모두 한 몸의 지체이며 혼자 떨어져 살 수 없다. 그리고 한 지체가 다른 지체보다 우월하다고 말할 수 없다. 모두가 우리의 주님을 머리로 하는 한 몸이다. 성부와 성자와 성령께만 모든 영광과 존귀를 올려 드린다.

빅토리아여선교연합회 총회에서
알란 스튜어트 부인
('더 크로니클', 1963년 12월, 6-8)

44. 미션 밴드 대회

연례 미션 밴드 대회가 11월 1일 금요일 총회 회관에서 열렸다. 빅토리아여선교회연합회 페어서비스 회장이 주관하였다. 개회 예배는 글렌 아이리스 교인들이 인도하였다. 우리는 야놀드 총회장을 소개하였고, 한국에서 돌아온 캐스 맥켄지 양과 알란 스튜어트 목사를 환영하였다.

대회 저녁에 곧 다시 한국으로 돌아갈 캐스 맥켄지 양을 환송할 기회가 있었다. 지난 8년 동안 미션 밴드 위원장으로 수고한 위더스 양이 그 자리에서 사직하였다. 페어서비스 여사가 회원들을 대신하여 그녀에게 감사하였다. 맥켄지 양과 위더스 양에게 꽃다발이 증정되었다.

총회장이 인사하였고, 미션 밴드 회원들이 메시지를 연극으로 전달하였다. 스튜어트 씨는 선교사들과 교인들이 자신을 어떻게 한국 땅으로 나가게 하였는지 이야기하였다. 찬송으로는 피찬트자트자라어[23]로 '예수 사랑하심을'을 불렀고, 모두가 '마라노아 눌라비'를 즐겼다. 총회장이 수도권 밴드 회원들에게 상품과 수료증을 수여하였다.

('더 크로니클', 1963년 12월, iii)

45. 또다시 한국으로

'친애하는 친구들이여. 다음에 또 만나요.'

여러분이 이 인사를 볼 때쯤 우리는 이미 호주를 떠나 한국으로 가고 있을 것이다. 8월 1일 배가 시드니로 떠날 것이지만 하루 이틀 변경될 수는 있다. 우리는 짐을 싸고 비자를 신청하고 예방 주사도 맞았다.

---

23) Pitjantjatjara, 호주 중앙 사막의 원주민 언어 중 하나

매우 즐겁지만 빠르게 끝난 방문이었다. 그러나 대부분의 오랜 친구들을 만날 수 있었고 새 친구도 사귀어서 좋았다. '휴식' 기간에도 많은 친구를 보며 바빴지만 몇 사람은 결국 만나지 못하였다. '보고회 기간'은 오히려 나에게 편안한 시간이었다. 그러나 많은 시간 아이들이 아파서 리타에게는 어려운 시간이었다. (중략)

우리 선교 활동 보고에 교회와 친구들이 긍정적으로 반응하여 용기를 얻었다. 호주는 한국의 기근을 위하여 25,000파운드를 원조하였다. 우리는 더 많은 일꾼 파송을 호소하고 있는바 몇 명이 한국에서의 활동을 고려하고 있다고 하였다. 만약 이들이 선교사 신청을 하면 교회는 어떤 방법으로든 재정을 마련하여 이들을 파송할 것이라고 믿는다.

이번 호주 방문을 통하여 우리는 호주교회의 상황을 좀 더 확실히 알 수 있었다. 그러므로 우리가 하는 일에 대하여 좀 더 넓은 관점이 생겼다. 또한, 선교 활동 홍보의 중요성도 더 깨달았다. 이번 임기에는 선교 편지와 교회 잡지를 통하여 좀 더 많은 선교 활동 내용을 알릴 것이다.

이번에 우리가 여러분을 못 만났거나 충분한 시간을 나누지 못하였다면 용서를 바란다. 그것이 우리의 의도가 아니었다. 다음에는 꼭 방문하도록 노력하겠으므로 우리를 잊지 않기를 바란다. 우리는 여러분 한 명 한 명을 기억한다. 여러분과 교제한 경험으로 우리는 더 풍성한 마음으로 한국으로 갈 것이다. 하나님 아버지께서 여러분과 여러분 사역에 함께 하시기를 기도한다.

리타와 알란 스튜어트

('더 크로니클', 1964년 9월, 6-7)

46. 사랑의 희사금

장로회 부산신학교에는 두 선교사가 사랑의 희사금을 드려 기쁨을 맞고 있다. 즉 1년 동안 안식년을 마치고 한국으로 지난 9월 17일 돌아와 일하는 호주장로교 서두화 선교사는 평소 신학교에 도서를 비치하여 학생들의 지적인 수준을 높이려고 하였는데 이번 안식년으로 귀임한 즉시 도서기금으로 6만여 원을 바쳤다. 서두화 선교사는 젊음을 한국에서 보내어 주로 농촌교회를 위하여 몸 바치고 있다. 서 선교사는 장로회 부산신학교의 명예 교장으로 일하고 있기도 하면서 그는 늘 한국교회 목회 지도자 양성에 전심전력을 기울이겠다고 말하고 있다.

한편 원성희 선교사(여)는 역시 장로교 부산신학교를 위하여 피아노 한 대를 기증하였다. 원 선교사는 처녀로서 서울에서도 일한 바 있는데 원 선교사 역시 부산 호주선교회에서 근무하면서 농촌교회 일을 위하여서는 서슴지 않고 솔선 나서고 있는 선교사로서 부산 지방 교회의 환영을 받고 있다.

('기독공보', 1964년 11월 7일)

47. 나환자요양원 방문

여러분이 이 편지를 받을 때쯤 우리는 산으로 휴가를 떠나 있을 것이다. 만약 폭우만 쏟아지지 않는다면 말이다. 지난주 비가 많이 와 길이 많이 망가졌다. 8월 2일에 어떻게 될지 모르겠다. 그러나 지금은 비가 좀 잦아들고 있어 어쨌든 우리는 휴가 갈 준비를 하고 있다.

한 달 전에는 가뭄이 들어 비가 내리기를 기도하였었다. 남쪽에 약간의 비가 내렸고 그것이 보리 작황에 도움이 되었다. 그러나 벼농사를 위한 모내기는 계속 연기되었고, 농가에서는 강이나 시냇가에서 펌프로 물을 끌어 올렸다. 도시에서는 물이 배급되었고 우리는 일신병원을 위하여 물을 날랐다. 쉬운 작업이 아니었다. 매일 많은 사람이 대야나 양동이를 들고 줄을 길게 선다. 댐의 물도 점점 고갈되고 있었다. 그러다 엄청난 비가 온 것이다. (중략)

나환자요양원에서 진행하던 반은 현재 방학 중이다. 나는 이곳의 큰 교회를 매주 금요일 오후 방문한다. 우리 선교부 직원 한 명을 대동하여 가는데 그가 농장 관리, 농업, 원예 등을 가르친다. 나는 성경과 예배 그리고 성찬식에 관하여 가르치고 온갖 종류의 질문에 답을 한다. 보통 60~70명 정도가 우리의 강의를 듣는다. 나는 현재 우리 도에서 가장 큰 이 교회 임시 당회장이다. 720명 정도의 교인이 있다. 나환자교회를 섬기는 일은 매우 가치가 있다.

주일 시골교회를 방문하는 것 외에 우리는 노회장과 연례 심방을 하고 있다. 한국에서의 노회장은 호주의 작은 총회 총회장과 같다고 한다. 경남노회에 속한 교회가 79개이고, 일 년에 노회로 두 번만 모인다.
  한국교회와 선교회와의 협력관계를 친밀히 하는 새로운 시도가 있었다. 그러나 현재로서는 운영이 잘 안 되고 있다. 모든 요청 문서를 14부 복사해야 하는데 한국어로 7부 영어로 7부이다. 모임이 시작되기 15일 전에 돌려야 한다. 위원회와 부서 그리고 임원회 등 여러 기구가 포함되는데 보통 우리가 많은 작업을 해야 한다. 새로운 시도는 문서작업을 100% 증가시키고 있다.

알란과 리타 스튜어트

['더 크로니클', 1965년 10월, 12-13]

48. 장생포교회 방문

  울산 근처 해안 마을인 장생포를 방문하였다. 그곳 교회는 2층에 다다미 바닥으로 되어 있었다. 볏짚으로 엮은 일본식 바닥 위에 부드러운 골풀 짚을 엮어 만든 것이었다. 창밖으로 부두가 보였고, 장생포는 고래잡이 기지였다. 사실 그곳에서 고래나 고래잡이배를 본 적은 없지만, 어떤 날 젤리처럼 흔들리는 검붉은 색 물질을 가득 실은 트럭을 보고 그것이 고래 고기라는 것을 알았다.
  베리와 조앤 로우 부부가 그곳에 주둔하기 전까지 우리는 몇 해 동안 울산 지역을 여러 번 방문했다. 당시는 한국이 산업 기적을 이루기 전이었고, 그곳에 갈 때마다 길을 잃곤 했다. 수많은 도로가 정비되고 사과 과수원과 포도밭이 공장으로 대체되면서 울산은 거대 산업 단지가 되었고, 현대라는 대기업이 탄생하였다.

('서두화의 글', 1960년대)

49. 가장 큰 보람

저에게 가장 큰 보람은 나환자 사역이었어요. 호주선교사 노블 맥켄지가 부산 동남쪽 오륙도에 세운 상애원을 비롯하여 다대포의 성화원, 상애원이 개척한 김해군의 두 개 교회 등을 계속해서 도왔습니다.

특히 상애원 교회는 설교와 성찬식을 인도하러 자주 갔었습니다. 한 번은 사백 명이나 되는 사람들과 성찬식을 하기가 쉽지 않아서, 성찬대를 장로들 인도로 8개 테이블로 나누어 배치하고, 저 역시 강단 위 성찬대가 사람들 눈에 보이지 않아서 아래로 내려와 인도했더니 많은 사람이 감격하더군요. 특히 손이 뭉개져서 쓸 수 없는 이들이 많아 원형으로 둘러싼 신자들에게 잔을 직접 장로님들이 나누면서 말 그대로 '성찬을 나누는 분위기'가 만들어졌지요.

불운한 이들의 신앙은 정말 도전적이었습니다. 아무것도 가진 것이 없었고, 일반사회의 관심도 적었지만, 자신들이 가진 작은 것만으로도 너무나 감사했고, 특히 추수감사절마다 헌물하는 모습은 모두에게 모범이 될 만했습니다. 저희는 이들을 친구로 대했지만, 특별히 그랬기보다는 그것밖에 할 수 없었지요. 항상 말할 때는 존대하고 아플 때는 심방을 갔는데, 당시 많은 이들이 전염 우려 때문에 꺼리던 모습이어서 그런지, 그런 저희에게 매우 고마워했습니다.

알란 스튜어트

('크리스찬 리뷰', 2012년 8월 27일)

50. 부산신학교 교장

(부산신학교 교장 서두화와 가족, 1966. 사진 출처: 서두화 가족 앨범)

1962년 3월 1일에 부산신학교 교사를 중앙교회당으로부터 호주 장로교 선교부 소속의 좌천동 768의 1번지의 교사로 이전을 하였다. (중략) 많은 졸업생과 교직원 및 재학생들의 다사다난했던 추억이 스며들어 있는 배움터였고, 또한 본격적인 부산지역 선교를 담당했던 호주선교부의 땀과 노력이 스며들어 있는 이 유서 깊은 좌천동의 교사에서 부산장신대학교는 그 새로운 도약을 위한 기초를 놓게 된다.

좌천동 교사에서의 신학 수업이 시작된 후 1966년 4월 4일에는 호주장로교 선교사 알란 스튜어트(서두화)가 교장으로 취임하였다.

('부산노회사', 2005, 646)

51. 도전과 기회 속의 신학교

지난 4월 이곳 부산의 신학교와 성경학교 교장으로 알란이 임명되었다. 이것은 영광스러운 역할이지만 항상 편한 자리는 아니다. 알란은 이전보다 더 바빠졌고 힘들어졌다. 현재 노회는 신학교 교장에게 정규직 봉급을 주지 못하기에 시내에서 가장 큰 교회 목사가 시간제로 봉사하여왔다. 이런 상황에서 신학교가 성장할 수 없었던 것이다. 노회는 장차 자격을 갖춘 한국인을 이 중요한 자리인 교장으로 임명할 수 있기를 바라고 있다. 비전과 능력과 경험이 있는 사람을 찾아 이해관계로 얽혀있는 노회와 특히 신학교에 순탄히 임명할 수 있기를 바란다.

(강의하는 서두화, 1960년대. 사진 출처: 서두화 가족 앨범)

현재 신학교는 큰 도전과 기회 속에 있다. 특히 한국교회는 도시 산업 전도의 현장에서 일할 일꾼을 부산을 중심으로 훈련하기 원하고 있다. 백오십만 명이 사는 이 큰 도시에서 이런 기회를 잘 활용해야 하겠다. 이 방면의 국제 전문가들이 부산을 방문하고 있는바 조지 타드, 폴 로플러, 씨에이치 황 등이다. 이들과의 만남은 잠깐이라고 영감적이다. 그런데도 교회는 단체와 개인 간의 알력으로 이 기회를 적극적으로 맞이하지 못하고 있다! 한 단체에 속하면 다른 단체와는 멀어지는 이런 상황에서 많은 친구를 사귈 수 없는 것이다. 그러나 신학교의 발전을 위해서는 개인 간의 불화는 최대한 내려놓고 협력해야 한다. 불신과 반목이 너무 깊어 알란이 과연 자신의 비전을 일부분이라도 실현할 수 있을지 의문이다.

알란이 즐기는 일 중의 하나는 부산의 시청각위원회에서 하는 일이다. 이 위원회에서는 몇 종류의 전도 카드를 생산하였는데 비싼 필름을 쓰지 못하는 곳에서 유용하게 쓰이기를 바라고 있다. 이 일은 효과적이지만 기금 문제로 항상 어려움을 겪고 있다. 지금 이들이 필요한 것은 효과적인 홍보과 광고로 시청각 자료를 판매하는 일이다.

알란과 리타 스튜어트

('더 크로니클', 1967년 2월, 9-10)

52. 시청각 전도회

한국의 시청각 전도 활동은 미국의 한 단체(RAVEMCO[24]) 후원을 받아 수년간 진행되고 있다. 이들은 이동식 전도단을 조직하여 시골은 물론 산속까지 시청각 자료를 통하여 주민들을 전도하는 것이 목적이다. 한국에는 6개의 지부가 있고 부산에서는 1963년 캐나다교회가 차를 구매하면서 시작되었다.

이들은 시청각 자료를 보여줄 수 있는 환등기와 발전기 그리고 다양한 내용의 필름을 가지고 학교와 교회를 우선 방문한다. 교육용과 일정한 주제의 영상 그리고 전도를 목적으로 하는 내용이다. 특히 시골일수록 많은 사람이 모여 시청한다.

우리는 영상 기사 이 씨를 잘 선택하였다. 그는 더 많은 곳을 다니며 더 많은 군중을 끌어모으는 기술이 있다. 그런데도 우리는 만족하지

---

24) Radio, Audio Visual, Mass Communications Committee

못한다. 부산 밖의 우리 도에 300개 이상의 교회가 있고, 많은 학교가 있고, 교회가 없는 마을은 더 많다. 우리는 이년에 한 번 정도 그곳들을 방문할 수 있는데 부족하다. 우리는 지역 교회 목사, 전도사, 그리고 교사들이 좀 더 효과적으로 사용할 수 있는 자료를 생산하기 원한다.

우리는 도서실부터 시작하였다. 그림과 이야기 보드를 사서 손으로 일일이 복사본을 만들었다. 그렇게 해서 우리는 점차 도서실을 채워나갔고 환등기와 필름들도 갖추게 되었다. 그리고 우리는 이것을 교회에 빌려주었다. 그러나 부산 밖의 지역은 거리로 인하여 우리의 사역이 닿지 못하는 문제가 있다. 그런데도 우리 도서실을 이용하는 교회는 10개가 넘었다. 한 지역에 10개 정도의 교회가 있다면 우리는 시청각 도서실이 필요하다고 생각하였다. 그러나 자료들을 어떻게 마련할까?

나는 제안하기를 손으로 그림을 그리는 것은 너무 힘드니 복사기를 사자고 하였다. 스텐실을 복사하여 나누어주면 각 교회에서 색을 입혀 칠할 수 있기 때문이다. 우리 선교부는 지난 일 년 동안 많은 복사를 하였고 그림에 색칠도 하였다. 그러나 시청각센터 책임자인 이씨는 더 큰 생각을 하고 있었다. 그는 몇 명의 장로를 설득하고 후원받아 인쇄기를 구매하였다. 그러나 경험 없이 색을 섞어 인쇄기를 사용하는 것은 쉬운 일이 아니었다. 색을 잘못 배합하면 두 달간의 작업을 망치는 것이다.

마침내 인쇄에 경험이 많은 직원 한 명을 고용하였고 우리는 요나 이야기 그림부터 인쇄하기 시작하였다. 모두 15장의 그림이었다. 요나를 한국 사람으로 묘사하였고 니느웨 성도 한국의 성 모습으로 그린 것이다. 처음에는 비평을 많이 받았지만, 점차로 그 지혜를 인정받기 시작하였다. 우리는 서울 쪽과도 소통하였고 그들은 우리 그림을 매입하여 서울 지역에서 판매하겠다고 하였다. 그들은 약속을 빨리하였고 우리는 그것을 너무 쉽게 믿었다. 인쇄한 400개의 그림을 그들은 결국 사지 않았고 우리는 요나 그림에 돈을 다 써 다음 프로젝트를 진행할 수 없었다. 우리의 직원인 인쇄공과 보조 그리고 화가를 해임해야 하는데 그들은 너무 가치 있는 일꾼이다.

지금 생각해도 당시의 상황을 어떻게 타개해야 할지 모르겠다. 서울 쪽과 다른 이동 시청각단체 그리고 호주의 친구들이 조금씩 후원해 주었다. 그리고 우리 자료도 점차로 팔리면서 조금씩 빚을 갚아나가고 있다. 그 후 하나님은 우리의 미련함을 통하여 역사하셨다. 우리는 요나 이야기뿐만 아니라 십자가와 부활 이야기도 찍어냈다. 예수님의 일생에 관하여 29개의 이야기 보드도 만들었다. 이것은 우리가 그린 원본으로 전에 것보다 나았다. 이야기 카드도 곧 원본을 만들 수 있기를 바란다.

그런데 문제가 다 해결된 것은 아니었다. 어떤 때는 종이와 잉크 살 돈이 없어 작업이 중단되어야 하였고, 어떤 때는 직원 봉급 줄 돈이 없어 꾸어서 주어야 하였다. 봉급이 적은 우리의 직원들에게 힘든 상황이었다. 이 씨가 또 나섰다. 그는 다섯 명의 장로를 설득하여 후원회를 꾸렸고 후원회에서 직원 봉급을 책임지게 한 것이다. 그리고 봉급도 인상하였다!

우리의 희망은 또 다른 후원회를 조직하여 종이와 잉크를 책임지도록 하는 것이다. 그러면 적은 비용으로 자료를 생산할 수 있고 그것은 판매의 증가로 이어질 수 있다. 이것은 그러나 수개월이 걸리는 계획이었다. 빅토리아여선교연합회에서 오는 돈으로 직원들에게 봉급을 주며 작업을 계속하였다. 마침내 재정이 바닥을 드러낼 때야 후원회가 조직이 되었다!

동시에 이동 시청각전도회는 시골 지역을 계속 방문하며 활동하였다. 한 지역에서는 영화 상영기 중고품과 필름 몇 개를 구매하여 마을 사람들에게 보여주기 시작하였다. 또한, 인형극에 관심 있는 단체도 만들었다. 6개 지역에서 시청각 교육에 관한 워크숍도 열었다. 진짜 벌집이 되었다.

그 결과 밀양, 남해, 거제도 그리고 시청각센터가 생겼다. 곧 마산, 진주, 울산 그리고 진해에도 설립되기를 바라고 있다. 우리 선교부가 있는 마산과 진주에 왜 진작 시작되지 않았나 여러분은 궁금할 것이다. 관심 있는 한국인이 이 일을 맡아야 책임지고 계속할 수 있기 때문이다. 우리 부산의 센터에서 이들에게 낮은 가격으로 자료를 지원하고 그 지역 교사들을 위한 워크숍도 돕고 있다. 우리가 이제 서울의 시청각전도회보다 훨씬 더 활발하게 활동하고 있다.

우리가 생산해 내는 자료는 토착적이고 원본이다. 매우 한국적이다. 또한, 지역의 교회 장로들이 함께 참여하므로 분열된 교회를 넘어서는 초교파적인 활동이다. 이 씨와 그의 직원은 어느 교단에서나 환영받는 몇 안 되는 인재이다.

센터가 문을 닫을뻔한 상황에서 빅토리아여선교연합회가 우리를 구해주었다 해도 과언이 아니다. 우리 센터와 이곳 교회의 많은 지도자와 교인들이 여러분의 믿음과 관대함에 깊은 감사를 전한다.

알란 스튜어트

('더 크로니클', 1967년 11월, 2-3)

53. 한국인 요나

"그러나 요나는 한국 사람이 아닙니다."

부산시청각전도회에서 만든 그림 카드를 접한 사람들의 첫 반응이다. 총천연색으로 된 15개의 카드는 요나의 일생을 이야기하는데 그곳에 등장하는 인물이나 배경이 모두 한국적이었다. 우리의 항변은 이런 익숙한 모습이어야 아이들이 더 친숙하게 받아들일 수 있다는 것이다. 그러나 많은 사람이 우리의 카드 그림은 진리에서 멀어진 모습이라 하였고, 기술적으로는 일견 맞는 말이었다. 그러나 카드가 꾸준히 팔려 사용되고 있으므로 우리가 틀리지 않았다는 것을 증명하고 있다.

요나 이야기는 우리가 처음 인쇄한 카드이다. 몇 한국인 장로가 재정 후원을 하였고 빅토리아여선교연합회가 작은 인쇄기 두 대를 살 수 있도록 지원해주었다. 우리는 우리가 그린 원본을 인쇄하였고 6개의 색이 입혀져 있다. 어떤 색은 이곳 잉크로 만들어내기 불가능하다.

이렇게 시작하여 우리는 많은 포스터와 4개의 이야기가 있는 카드 등 총 58개의 다른 그림을 인쇄하였다. 그리고 주일학교에서 사용하는 40개 이상의 이야기 보드도 생산하였다. 이제 어느 교회에서나 이 자료를 구매할 수 있어 주일학교 교육자료의 부족함을 메우고 있다. 그러나 우리의 목표는 자료의 가격을 더 낮추어 작은 교회도 사용할 수 있도록 하는 것이다. 지금 우리는 두 대의 작은 인쇄기를 더 사 들여 대본, 소책자, 안내서 그리고 주보까지 인쇄하고 있다. 이것에서 나오는 수입으로 우리는 그림을 인쇄하고 있다.

지금까지 우리의 총무 이 씨는 필름 영상기와 발전기를 가지고 이동 전도를 다니고 있다. 1963년 이 활동을 시작한 이후 복음에 관한 필름을 우리 도에 속한 학교와 교회에 상영하고 있다. 천 번 정도의 상영에 50만 명 정도가 이 필름을 시청하였다. 평균 한 번에 500명이 본 것이다! 또한, 28번 이상의 대회에 4천 4백 명의 주일학교 교사가 참가하여 교사 강습을 받았다.

그런데도 한국의 많은 교회가 매우 가난하여 그림 한 장 살 형편이 못 된다. 어떻게 그들에게 다가갈 수 있을까? 그 지역에 시청각센터를 세워 교사들이 자유롭게 와 자료를 빌려 가게 하면 된다. 1963년 첫해에 10개 교단 54개의 교회가 총 250과목 수업 자료를 빌려 갔다. 이렇게 작게 시작하여 지금까지 16개 교단의 200개 넘는 교회가 4,200번의 수업 자료를 사용하였다. 그림, 카드, 이야기 보드, 인형, 슬라이드 프로젝터 그리고 테이프 리코더까지 대여해 주고 있다.

그러나 우리는 아직 만족 못 하고 있다. 시골 지역에 우편으로 보내주는 어려움이 있어 우리 도서실은 아직 부산의 수요자에게만 사용되고 있다. 경상남도 천 개 이상의 교회가 아직 이런 자료를 사용하지 못하고 있다는 의미이다. 주요 지역마다 자료 도서실 하나씩 만드는 것이 해결책이다.

수요가 있다면 행동으로 옮겨야 한다. 지금 우리는 4개 지방에 센터를 조직하였다. 이들에게서 아직 숫자에 관해 보고를 못 받았지만, 점점 더 수요가 많아진다고 한다. 그러나 아직 20곳 정도에 도서실이 더 필요하다. 이것이 성공하려면 책임성 있고 열정적인 사람을 찾는 것이 중요하다. 비록 시간은 걸리겠지만 이루어질 것으로 확신한다.

알란 스튜어트
('더 크로니클', 1968년 5월, 12-13)

54. 최정자

최정자는 마산의 한 장로교회의 신실한 집사가 입양한 딸이다. 그녀는 고등학교에서 공부할 형편이 안되어 통신으로 공부하여 졸업하였다. 그리고 부산신학교 입학시험에 합격하였다.

비나 맥납 양이 빅토리아여선교연합회에서 받은 돈으로 정자가 수년간 신학교 공부를 할 수 있도록 도왔다. 부산의 모든 선교사가 그녀에 관하여 긍정적인 보고를 하면서 그녀가 이제 일할 준비가 되었다고 하였다.

정자는 다행히 마산의 한 기독교 여학교에서 일하게 되었다. 그녀는 그곳에서 성경과 음악을 가르치고 있다. 이 사진은 그녀가 부산신학교 졸업 시 알란 스튜어트 목사에게 졸업장을 받는 모습이다.

('더 크로니클', 1968년 5월, 13)

55. 유일한 안수받은 선교사

백오십만 명의 도시에서 알란은 우리의 장로교 교단과 관계된 유일한 안수받은 선교사이다. 그 결과 필요한 일과 실제로 되어지는 일 사이에는 큰 괴리가 존재한다. 산업 도시인 부산에서 알란은 산업 선교 지도자와 위원회와 많은 시간을 보내려고 노력하고 있다. 그는 또한 장로교 신학교에서 일주일에 10시간 강의한다. 비록 교장직에서는 최근에 사임했지만 말이다.

그곳에는 매우 큰 국립나환자병원이 있고 그곳 교회에는 700명의 교인이 있다. 그리고 그 환자들의 건강한 자녀를 위한 집도 있다. 알란은 한 달에 최소 한 번씩 이곳을 방문하며 일을 돕고 있다. 그는 또 다른 나환자요양원의 교회와 두 개의 재활센터가 있는 교회에서도 일하고 있다.

그가 속한 노회에 40개 넘는 지역 교회가 있다. 매년 그는 노회장과 임원들과 함께 그 교회들을 순회한다. 울산의 베리 로우 목사도 이제 이 일에 동참하고 있다. 흥미롭고 중요한 다른 과외 과제는 지역의 주일학교를 위하여 시청각 자료를 인쇄하는 일이다. 다양한 그림과 카드 등은 창조적이고 흥미로운 교육자료이다.

그의 집은 선교사 가족들이 휴가를 떠날 때와 돌아올 때 들릴 수 있는 위치에 있다. 무료할 시간이 없을 정도로 방문객이 많다!

1968년
(부산장신대학교 부설 호주선교아카이브)

56. 양한나 부인(1)

현대식 여성이라도 결혼할 때 전통적인 한복을 입는 한 시골에서 느슨한 바지를 입은 74세의 할머니가 있다면 단연히 시선을 끈다. 나는 여러분에게 그 할머니를 한 번 보아주기를 요청한다. 여러분 대부분이 아는 사람이기 때문이다. 이 할머니가 바로 양한나 부인이다. 여러분 중에는 '양할라'로 안 사람도 있을 것이다.

이제는 양 부인이 입은 느슨한 바지 때문이 아니라 그녀가 하는 일을 보아달라. 이 사회의 소외된 사람들을 위하여 일하는 그녀를 한국 정부도 높이 인정하였는바 바로 고아원 소녀와 정신병을 앓는 여성들이다.

(정신병자를 돌보는 양한나, 1960년대. 출처: '부산진교회 Since 1891')

한국전쟁 후 양 부인은 길거리에서 헤매는 소녀들을 도왔고, 몇 아이들을 자신의 집으로 데리고 가 돌보았다. 그 후 그 가정은 점점 더 커지기 시작하였고, 도움이 필요한 소녀들을 거절하지 못하였다. 그리고 그 집을 '자매 여숙'이라 불렀다. 현재 95명의 소녀가 그곳에 함께 살고 있는데 기본적으로 가정이지 기관이 아니다. 아이들이 자라며 교육을 받기 시작하자 양 부인의 책임과 재정의 필요도 커졌다. 어떤 아이들은 중학교에 입학하지 못하자 양 부인은 이들에게 기술을 가르쳐 자급하게 하였다. 어떤 아이들은 총명하여 중학교와 고등학교를 졸업하였다.

이들이 결혼할 때가 되면 양 부인은 이들의 부모로 결혼을 잘 시켜 보내는데 이 과정에 모두 돈이 필요하다. 정부가 그녀에게 아이들의 식비를 지원하였지만, 그녀는 개인에게 혹은 교회에서 혹은 자선 단체에서 도움을 받아 왔다. 이 정도면 칭찬받을 만한데 그녀는 거기에서 그치지 않았다.

부산에서 양 부인은 또 다른 여성들에게 마음이 쏠렸다. 정신에 문제가 생겨 길거리에서 더러운 모습으로 구걸하며 길을 헤매는 여성들이었다. 대중은 그런 여성들을 잔인하게 취급하고 있었다. "이 여성들을 위하여 누군가 뭔가를 해야 하는데." 양 부인은 고민하였다. 그러던 중 그녀는 하나님의 목소리를 들었다고 확신하였다. "네가 그 여성들을 도와주어라." 이렇게 해서 그녀는 또 다른 딸들을 돌보기 시작하였다.

양 부인은 정신적으로 아픈 이 여성들을 보호하기 위한 요양원을 생각하였다. 스스로 도울 수 없는 이 여성들에게 돌봄의 집이 필요했다. 그리고 그녀는 하나님이 또 다른 사명을 주었다며 감사하였다. 최근 이곳 정부는 그녀가 200명의 정신병자 여성들을 돌보아 주는 것에 공식적으로 감사를 표하였다. (중략)

호주장로교회의 회원들은 양 부인과 오랫동안 좋은 관계를 맺어 왔다. 그녀의 사랑스러운 봉사 활동과 협력하게 된 것은 특권이다. 여러분은 미션 박스를 통하여 그녀를 지원하였고, 때로 직접적인 후원도 하였다. 그녀와 그녀의 일을 위하여 계속 기도하자. 하나님이 힘주셔서 소외된 자매들을 기쁨과 감사 속에 함께 섬길 수 있도록 기도하자.

리타 스튜어트
('더 크로니클', 1968년 9월, 8-9)

57. 송별예배

서두화선교사송별예배	
오전 11시	사회 강 성 두 목사 설교 서 두 화 목사
주 악 ……<목 도>……	일 동
기 원 ……………………	사 회 자
송 영 …… 4 (합 1) ……	일동기립
사도신경 ……………………	일동착석
찬 송 ……217(합548)……	일 동
기 도 ……………………	김성근장로
성 경 ……<요5:1-19>……	사 회 자
찬 양 ……………………	찬 양 대
설 교 ……<하나님과같이되자>……	서 목 사
찬 송 ……68 (합 66)……	일 동
헌 금 ……………………	헌금위원
기 도 ……………………	사 회 자
광 고 ……………………	사 회 자
찬 송 ……515(합 301)……	일 동
축 도 ……<폐 회>……	강 목 사
※ 다음주일기도~ 김 성 구 장로	
오늘 의 말씀	예수께서저희에게기르시되내아버지께서이제까지일하시니나도일한다하시매유대인들이이들인하여더옥예수를죽이고자하니이는안식일만범함뿐아니라하나님을자기의친아버지라하여자기를하나님과동등으로삼으심이러라 <요5:17-18>

(부산진교회 주보, 1968. 자료 출처: 부산진교회 자료실)

일시: 1968년 12월 8일 오전 11시

장소: 부산진교회당

58. 양한나 부인(2)

지난번 알란 스튜어트 부인이 양한나 부인의 활동에 관하여 소식을 전하였다. 그녀는 부산의 고아와 정신병을 앓는 여성들을 위하여 일하고 있다. 이 소식이 전하여진 후 룩스 양이 주관한 아침 커피 모임이 '스프링 햇 퍼레이드(봄 모자 행진)' 관계자들과 아이반호에서 열렸다. 그 결과 400불의 후원금을 양 부인에게 보낼 수 있었다.

(양한나와 거리의 여성들, 1960년대. 사진 출처: '부산진교회 Since 1891')

양 부인은 정신병자들을 위한 요양원을 완공하는데 이 자금이 필요하다. 이 집은 기숙사의 형태인데 정신병이 거의 나아가는 여성들이 함께 사는 곳이다. 그들은 낮에는 밖에서 일하고 밤에는 요양원에 돌아와 쉰다. 이렇게 몇 개월 생활하다 보면 그들은 재활 되어 독립적으로 살 수 있다.

양한나 부인은 다음과 같이 편지를 보내왔다.

"여러분이 보내준 400불은 이곳의 아픈 여성들을 위하여 잘 쓰일 것입니다. 지난가을 우리 아이들과 아픈 여성들은 추석을 즐겁게 지냈습니다. 우리는 한국식 케이크를 먹고 맛있는 저녁 식사를 같이 하였습니다. 광야의 장미에 옷을 입히고 공중의 새에게 먹이를 주시는 하나님께 감사하였습니다.

요즘 나의 건강은 안 좋습니다. 몸이 아플 때마다 나는 침묵 속에 영적인 힘을 간구합니다. (중략) 이곳 고아원에 95명의 소녀가 있고 요양원에는 150명의 아픈 여성이 치료를 받고 있습니다. 하나님의 도움 없이는 아무것도 할 수 없습니다. 나는 아무것도 아니지만, 하나님이 나를 사용하시어 이들을 돌보게 하십니다. 하나님이 아직 이 땅 위에서 나를 사용하고 계시니 기쁠 따름입니다. 이곳의 소녀와 여성들 그리고 나를 위하여 종종 기도해 주시기를 바랍니다."

우리는 양 부인의 활동을 계속 지원하기 원한다. 누구든지 후원을 원하는 회원은 다음의 주소로 보내주기 바란다.

Mrs. K. M. Fiddian, 26 Clark Rd., Ivanhoe. 3079.

후원금은 호주장로교 선교회와 부산선교부를 통하여 양 부인에게 전달될 것이다.

('더 크로니클', 1969년 4월, 16)

59. 선교사의 성찰

지금의 한국에는 대조되는 것이 많이 있다. 오래되고 전통적인 것과 새롭고 도전적인 것들이다. (중략) 교회 생활에도 마찬가지이다. 만약 여러분이 우리 선교부 중의 한 곳에 산다면 아마 이런 대조 속에 사로잡힐 것이다. 전통적인 방법의 변화 속에 새 삶에 점차로 적응해야 한다. 오늘날 한국이 당면하고 있는 과제이다.

한국의 전통적인 교회 활동에 관하여 들었을 것이다. 그중 하나가 순회 전도이다. 시골 마을을 방문하며 복음을 전하는 활동이다. 이 일은 앞으로도 계속될 것인데 복음을 듣지 못한 마을이 아직 많기 때문이다. 옛 방법이기는 하지만 시골 전도는 계속되어야 한다.

그러나 여기에 새 방법으로 도전하는 사람도 있다. 존 브라운이 시골 사람들 속에서 일하고 있다. 그가 시골을 다니며 그곳 사람들에게 예수 그리스도의 복음을 나누는데 그것만으로는 충분치 않다는 것을 깨닫고 있다. 오해하지 않기를 바란다. 복음 전하는 것이 선교사의 의무가 아니라는 말이 아니다. '그것만으로는 충분치 않다'는 말이다. 복음 선포는 계속되어야 하지만 무언가 좀 더 있어야 한다.

존은 작은 마을 사람들의 삶의 수준이 나아지게 하려고 열심히 일하고 있다. 먼저 가축 개량에 힘쓰고 있는바 돼지와 염소이다. 그는 풀씨를 실험하여 가축이 먹는 사료를 발전시키며 시골교회 지도자가 평신도들을 훈련할 수 있도록 노력하고 있다. 그는 농업 방식, 사회 문제, 남녀관계 등을 위하여 실제적인 이야기를 하고 있다. 특히 남녀문제는 한국 젊은이들이 중매가 아닌 자유연애를 시작하면서 큰 쟁점이 되고 있다. 그러므로 전통적인 시골 순회 전도에 현대 선교의 새 강조점이 등장하고 있다. 새로운 역할이 선교사에게 요구되므로 열정적인 전도만으로는 부족한 현실이다. 사람들의 삶에 좀 더 효과적으로 다가갈 수 있는 특별한 훈련이 선교사에게 필요하다.

여성들을 위한 일신병원의 활동도 계속되고 있는데 심지어 이곳에도 변화가 오고 있다. 새 의료 훈련이 진전되면서 남성 레지던트도 있고 남성 간호사도 일할 것이다. 빌 포드의 비즈니스 매니저 자리를 한국인 남성이 차지하였으며 그가 외국에서 오는 큰돈을 다루고 있다. 한국인 남성이 호주인 '여성 의사'와 일하는 상황이 왔고 맥켄지 박사도 한국인 남성과 일하는 것에 적응해야 할 것이다.

한국은 현재 농업 국가에서 빠르게 산업사회로 전이하고 있다. 도시가 크게 성장하고 있다. 서울에 4백만 명 그리고 부산에 백만 명 이상이 살고 있다. 큰 도시의 모든 문제가 생겨나고 삶의 양식도 바뀌고 있다. 울산은 더욱 놀랍다. 5년 전만 해도 울산은 과일과 포도 농사를 짓던 곳이었다. 알란이 그 지역을 주말마다 방문하였다. 정부는 울산을 새로운 산업 중심지로 특정하였다. 지난 5년 동안 울산은 시골 지역에서 거대한 산업 도시가 되었다. 인구가 벌써 3십만 명이 넘었는데 목표는 750,000명이다. 시골 생활에서 갑자기 산업 도시의 삶을 살아야 하는 그곳 사람들에게는 선택의 여지가 없다. 새로운 삶의 패턴에 익숙해져야 한다.

베리 로우[25]가 울산에서 일한다. 자신들의 고향인 울산에서 난민

---

25) 노승배 선교사, 양지재활원

이 되었다고 여기는 사람 중에 활동하고 있다. 이들에게 어떻게 예수 그리스도를 효과적으로 소개할 수 있을까. 그 큰 도시에 베리만 유일한 서양 선교사이다. 그는 특히 신체적으로 핸디캡이 있는 사람들과 그 큰 산업 도시에서 자신을 잃어버린 사람들을 위해 일한다. 작은 일처럼 보이지만 매우 중요한 일이다. 그리스도와 동행하여도 힘든데 그가 없이는 무거운 짐을 지고 살아야 한다.

리처드 우튼[26]은 어떤가. 그는 서울에서 평범한 노동자들과 일하고 있다. 열악한 작업장, 장시간 노동, 산업재해, 저임금 등등의 노동 환경이다. 리처드는 선교사라면 비정한 도시의 매일의 억압 속에 있는 이런 사람들과 함께해야 한다고 생각한다. 그들도 하나님의 자녀이고 하나님의 사랑을 받는다는 것을 보여야 한다는 것이다.

이렇게 선교 활동은 오래된 일이지만 지금의 선교사들은 새로운 방법으로 일하고 있다. 도로시 왓슨[27]은 대학교에서 전통적인 음악 수업을 하고 있지만, 학생들에게 좀 더 효과적으로 그리스도를 전하기 원하고 있다. 데스몬드 닐[28]은 지금까지 도외시 되었던 섬사람들 가운데 일하려고 계획하고 있다.

새로운 선교 방법으로 해결책을 다 찾았다고 생각하지 않기를 바란다. "그건 해결책이 아니었어. 다시 노력하자." 선교사에게는 종종 이 말보다 어려운 것은 없다. 때로 하나님은 말씀하신다. "이제 돌아와라. 이제는 고향에서 일하라." 아마 이것은 더 무거운 짐일 수 있다. 하나님이 어떤 새로운 일을 하실지 어떤 곳에 우리를 쓰실지 그 설레

---

26) 우택인 선교사, 영등포산업선교회
27) 원성희 선교사, 이화여자대학교
28) 이태선 선교사, 진주노회 전도선교사

임을 잃어버리지 말자.

우리는 이제 하나님의 일꾼으로 호주 고향에서 그리고 이곳 땅끝에서 일하도록 불림을 받았다. 그분은 항상 우리에게 신실하시고 사랑하시는 주님이다.

리타 스튜어트
('더 크로니클', 1969년 9월, 4-5)

3장
서두화 선교사의 신학 교육
- 탁지일 글

Theological Education of Rev. Alan Stuart
- Written by Ji-Il Tark

서두화 선교사의 신학교육

탁지일

2003년 부산장신대학교 개교 50주년 희년 행사를 준비하던 중, 1961년 7월에 발간된 「소명(召命)」이라는 제호의 교지(校誌)에서 서두화 선교사의 이름을 처음 발견했다. "교수강사일람표(敎授講師一覽表)"에서 서두화(Alan Stuart)라는 호주선교사가 주경신학(註經神學)을 강의했다는 기록이 있었다. 서두화 선교사가 부산장신대학교의 전신인 장로회부산신학교 교수와 교장으로 1960~1968년 기간 동안 사역했다는 사실도 발견했다.

궁금한 마음에 호주연합교회에 이메일로 문의하니, 변조은(John Brown) 선교사를 연결해주었고, 변 선교사를 통해 서두화 선교사의 이메일 주소를 얻게 되었다.[1] 이메일을 보내드린 후 아래와 같은 답신을 받았다.

1960년 8월부터 1968년 12월까지 신학교에 있었습니다.... 강사로

---

1) 이 글은 부산장신대학교 설립 60주년을 맞아 「부산장신논총」(2013)에 게재한 탁지일의 "호주교회의 부산지역 신학교육, 1952-68: 변조은과 서두화 선교사의 기록을 중심으로"를 참조했다.

주로 성서학을 가르쳤습니다. 예를 들면, 예수의 삶, 공관복음, 사도행전, 요한계시록, 레위기, 오경, 구약의 역사, 신학방법론, 교회예배 등의 과목이었습니다. 이 시기 동안 저는 당시 경남노회에서 교회 관계 일을 보면서 신학교의 일을 주로 했습니다. 그리고 1966년부터 약 1년 동안 교장으로 활동했습니다.... 그 당시 호주선교부에서 자금을 지원해 주어서 현재 부산노회 건물로 사용 중인 좌천동의 2층 건물을 지을 수 있었습니다.... 3년 전 한국을 방문했을 때 김해의 학교를 방문했습니다. 제가 한때 몸담았던 신학교의 발전한 모습에 커다란 감동을 받았습니다.[2]

서두화 선교사는 부산장신대학교 개교 50주년을 기념하는 행사 초청에 흔쾌히 응했다. 하지만 행사를 얼마 앞두고 보내온 이메일에서 서 서교사는 병원 치료 중이신 아내 문의덕 선교사를 돌보기 위해 행사에 올 수 없다고 정중히 알려왔다. 아쉬움이 컸다.

서두화 선교사는 2010년 한국 방문을 방문했다. 다사다난했던 부산신학교가 김해의 새로운 터전에 새워진 것을 기뻐하셨다. 학생과의 만남과 수업을 통해 마치 옛날로 돌아가신 것처럼 좋아하셨다. 호주로 돌아가신 후에 선교 활동에 대한 영문 기록과 함께 귀중한 관련 사진들을 보내왔다.

2013년 3월 서두화 선교사는 다시 한국을 방문했다. 병중인 가까운 지인을 만나기 위해 오신 것이었다. 늘 뵐 때마다 서 선교사의 따뜻한 미소와 유머 감각에 감탄하고는 했다. 서 선교사님은 A4 11장

---

2) 서두화 선교사님의 2003년 8월 8일 자 이메일.

3장 서두화 선교사의 신학 교육

분량의 도서 리스트를 내게 건네주었다. 서 선교사 자택에 소장하고 있는 300여 권 이상의 서적들의 저자, 제목, 출판사, 출판 연도가 일목요연하게 기록된 자료였다. 나중에 부산장신대학교 도서관에 기증하시겠다고 했다. 서 선교사의 따뜻한 배려의 마음에 감동이 되어 가슴이 먹먹한 채 고맙다는 표현조차도 차마 입에서 나오지 않았다. 그리고 다음 해부터 서 선교사가 약속한 책들이 배달되기 시작했다.

1. 호주선교회의 신학교육

호주선교회의 부산·경남지역 신학교육은 6·25전쟁 시기로 거슬러 올라간다. 전쟁이 한창이던 1952년 3월, 1922년부터 한국 선교에 깊이 관여해오던 안다손 선교사가 한국을 다시 찾았고 선교를 재개한다. 이 시기 호주선교회는 노회에 대한 재정지원, 농어촌 미조직교회 순회와 교역자 사례 지원, 그리고 기독교서회, 성서학원, 신학교육, 교도소선교, 동래농학기술학원 후원 등을 중심으로 선교를 진행했다.[3]

안다손 선교사의 보고에 따르면, 과부와 고아들을 포함한 피난민 구제가 시급한 과제였다. 그리고 전후의 상황은 열악했지만, 피난민들의 신앙은 날로 뜨거워지고 있었고, 성경학교(Bible Institutes)와 신학교(Theological Seminary)에도 지원자가 몰리고 있었다.

제2차 세계대전 이후 재정적 어려움을 겪고 있던 호주선교회는 지원확대를 위해 미국북장로회 선교부에 인적·물적 지원을 요청했지

---

[3] John Brown, "The Australian Presbyterian Mission and the Pusan Presbyterian Seminary and Higher Bible School," 7.

만 지속적으로 거절되었고, 1956년에 이르러서야 미국북장로회 선교부는 성서고등학교(Higher Bible School)에 1,500,000환을 지원해 주었다.[4]

1953년 5월 13일 자 보고서에서 안다손 선교사는, 호주선교회의 지원으로 경남노회가 성경학교 건물을 수리했으며, 60명의 학생이 등록했다고 보고했다. 또한, 호주선교사들은 성서고등학교로부터 강의를 요청받기도 했다. 안 선교사는 호주교회의 구제금 중 일부를 서울 장로회신학교에서 신학 수업 중인 지역 출신 신학생의 장학금으로 지원했다.[5]

하지만 성서고등학교의 운영이 점점 어려워지자, 성서고등학교의 목적과 그 정체성에 대한 문제들이 제기되기 시작했다. 이 과정에서 호주선교부와 경남노회는 성서고등학교가 농어촌교회 전도사 및 평신도 직분자들에게 건전한 성서해석을 가르치며, 어려운 환경에 처한 이들을 위해 교육을 제공할 것을 목적으로 해야 한다는 데 의견을 모았다.[6]

경남노회의 지속적인 경제적 지원 요청을 호주선교부가 받아드리기 어려웠다. 실제로 국내 6개 선교부 중 호주선교부가 가장 열약한 처지였다. 이러한 상황에서 1957년 호주교회 대표단이 한국 선교에 대한 전략적인 논의를 하기 위해 방한한다. 특히 미국북장로교회 선교부가 경남지역 선교에 관한 관심을 꾸준히 보이는 상황이었기 때문

---

4) Ibid.
5) Ibid., 8. 이와 함께 여선교사들에 의해 평신도들을 위한 단기훈련과정도 운영되고 있었으며, 성서, 주일학교 교수법, 설교준비, 찬송가, 기독교윤리, 장로와 집사의 의무, 교회의 본질과 사명, 성례 등을 교육했다. Ibid., 9-10.
6) Ibid., 11.

에, 호주교회 한국 선교의 중단과 철수에 대한 논의도 이루어졌다.[7]

논의를 통해, 호주선교회는 타 선교회에 비해 미약하기는 하지만 첫째, 다수의 선교부와 동시에 관계를 갖는 것이 한국교회에 유익하다는 점, 둘째, 호주교회의 신학이 다 타 선교부들과 비교해 상대적으로 유연하다는 점, 셋째, 풍부한 재정보다 열악한 재정 환경이 오히려 한국교회가 선교사역의 본질을 발견하는 데 도움이 된다는 점이 호주교회의 선교가 계속되어야 한다는 이유로 고려되었다.[8] 1959년 4월 28일 자 호주선교회 회의록에 따르면 성서고등학교에는 80명이 등록되어 있었다.

이 시기에 지역 교회지도자들에 의해 신학교육 기관이 세워진다. 1960년 3월 19일 도은배(Fred Turvey, 1926-2002) 선교사의 보고에 따르면, 고려 측 신학교에 대안으로 중앙교회(노진현 목사)에 신학교가 개교했는데, 이후 통합과 합동의 분열 시기에 중앙교회가 합동 측으로 갔고, 통합 측은 장로회부산신학교를 독립 운영하기 시작한 것으로 되어있다. 동년 4월 18일 자 보고서에는 합동 측 중앙교회 신학교에 소속되었던 다수의 신학생이 장로회부산신학교로 편입했으며, 장로회부산신학교의 교과과정은 서울 장로회신학대학과 동일하게 구성된 것을 알 수 있다.[9]

---

7) Ibid., 12.
8) Ibid.
9) Ibid.

2. 교단 분열과 신학교육

장로회부산신학교의 전신인 "대한예수교장로회 대한신학교 부산분교"는 1953년 10월 19일에 설립되었다. 신학교의 명칭을 "대한예수교장로회 대한신학교 부산분교"로 정하고, 중앙교회, 북성교회, 광복교회를 임시교사로 정한 후 신학 수업을 시작하였다. 이사장에는 이순경 목사가 그리고 초대 교장에는 중앙교회에서 시무하던 노진현 목사가 취임했다. 이후 1956년 3월 1일에 신학교를 대한예수교장로회총회의 신학교로 발전시키기로 하고 그 명칭을 "대한예수교장로회 부산신학교"로 변경하게 되었다. 그리고 1956년 3월 5일에 제1회 졸업식을 갖고 3명의 졸업생을 처음으로 배출하게 된다.[10]

하지만 통합과 합동의 분열로 인해 신학교도 둘로 분열되었고, 통합 측 장로회부산신학교가 분립해 운영되기 시작했다. 1962년 2월 서두화 선교사는, 총회교육부가 지방 신학교를 폐쇄하기로 한 결정에 따라 장로회부산신학교를 폐쇄했으며, 모든 자원을 안덕희(Joyce Anderson) 선교사가 강의하고 있던 성서고등학교에 제공하기로 했다고 보고했다.

호주선교본부는 동년 3월 20일 자로 서두화 선교사에게 보낸 서신에서, 선교사들이 성서고등학교에서 계속 강의할 것과 노회가 원한다면 신학교가 받던 재정 보조를 성서고등학교로 이관할 것을 허락한다. 서두화 선교사는 1962년 4월 4일 성서고등학교가 무난하게 운영되고 있으며, 신학교에 재학하던 학생들이 편입했고, 향후 4년제 신

---

10) 장로회부산신학교 교지 『소명』 창간호 (1959.07.07), 39.

학교 과정으로 발전할 것 같다고 보고한다.[11]

1962년 10월 8일 경남노회는 장로회부산신학교의 운영을 결의하고, 성서고등학교 재학생 중 신학교 입학자격이 있는 학생들에게는 편입을 허락하고, 그렇지 않을 경우 성서고등학교에서 계속 공부하도록 하며, 신학교와 성서고등학교 사무는 같은 공간에서 동일한 직원이 보도록 했다. 이사회는 11인으로 구성했는데, 경남노회 5인, 마산과 진주노회 각 1인, 그리고 재정 후원이 가능한 유지 이사 4인 등으로 구성했다.

1965년 호주장로교 한국선교부는 좌천동 768-1번지의 선교부 소속 토지와 건물을 장로회부산신학교를 위하여 사용하도록 경남노회 유지재단에 이양하기로 결의했다.[12] 이 건물은 부산에 남아 있는 가장 오래된 서양식 건축물로서, 호주장로교 한국선교부 여자전도부에 의해 1895년 10월 15일에 처음에는 초가집으로 건축되었으나, 1909년 현재의 2층 벽돌 양식으로 증축되었다. 특히 이 건물은 2003년 5월 2일에 부산광역시 기념물 제55호로 지정되었는데, 그 이유는 첫째, 부산지역에 현존하는 유일한 서양식 건축물이고, 둘째, 한강 이남 지역 최초의 근대 여성교육기관이며, 셋째, 3·1독립만세운동의 진원지였기 때문이었다.

---

11) John Brown, 13-14.
12) "768의 1번지를... 그 위에 있는 건물을 포함하여 장노회 부산신학교를 위하여 사용하도록 경남노회 유지재단에 이양하기로 가결하다." "호주장로교 한국선교부의 공문."

3. 화해와 연합을 위한 서두화 선교사의 노력

1959년 대한예수교장로회 총회가 통합과 합동으로 분열된 후, 선교사들은 양측의 화해를 위해 모든 노회를 방문해 설득하기로 한다. 각 방문단은 미국연합장로회, 미국남장로회, 호주장로회 선교사 각 1인, 3명 1조로 구성되었다. 서두화 선교사는 전라도 지역 노회 방문단의 일원으로 활동했다.[13]

총회의 분열은 부산지역 신학교육에도 영향을 준다. 서두화 선교사는 교단분열의 여파와 부산 성서고등학교와 신학교의 관계에 대해 "부산 성서학원과 신학교(Bible Institute and Seminary, Pusan)"라는 제목으로 자세한 기록을 남겼는데, 이를 통해 부산지역 신학교육을 위한 호주선교회의 역할을 소상히 알 수 있다. 이를 요약하면 다음과 같다.

1959년 통합과 합동으로의 분열까지 신학교는 중앙교회에서 노진현 목사에 의해 운영되고 있었다. 교단분열로 인해 신학교도 분열되어 이로 인해 노회에서 신학교를 분립해 운영하게 된다. 하지만 1961년의 총회 결정에 따라 신학교를 폐교하기로 하고, 신학교 재학생들은 성서고등학교로 편입시켰다. 이때 김길창 목사가 초교파 신학교를 설립했고, 학생을 모집했는데 50명이 지원했다. 이들 중 40명이 본 교단 소속이었다. 하지만 초교파 신학교 설립은 노회에 새로운 문제를 초래했다. 논란이 계속되자 1962년 9월 총회는 지방 신학교의 운영을 허가했고, 초교파 신학교에는 간섭할 필요가

---
13) Alan Stuart's personal document, 11.

없다고 결의한다. 이 결의에 대해 김길창 목사는 총회가 자신의 신학교를 인정한 것으로, 노회는 초교파 신학교는 교단과 무관한 것으로 각각 해석했다. 1962년 10월 노회는 신학교 운영을 위한 이사회를 구성하고, 신학교와 성서고등학교를 한 기관으로 운영하기로 결의한다. 노회원들은 김길창 목사의 신학교가 발전하자, 이는 호주선교부의 미약한 지원 때문이라는 의견을 내놓기도 했다. 특히 노회 내 남북 갈등으로 인해, 이사장과 교감은 경남 출신, 교장과 교수는 이북출신으로 균형을 맞춰 운영진을 구성했다. 이사회 회계는 경남 출신, 서기는 이북출신이었다. 현재 신학교가 눈에 띄게 발전하고 있으며, 이는 예전에 무관심하던 노회원들이 지금은 서로 이사나 교수가 되려고 경쟁하는 것을 보더라도 알 수 있다. 노회의 전적인 지원도 신학교에 큰 힘이 되고 있다. 선교사들이 신학교 총 45시간 강의 중 15시간을 담당했다. 이러한 헌신으로 인해 선교사들의 영향력도 확대되었다. 호주교회의 지속적인 재정 후원도 중요하다. 강사료를 낮추게 되면, 그만큼 강사의 자질도 낮출 수밖에 없다. 신학교육이 절실히 필요하다. 신학생들 중 25% 정도는 서울로 진학할 것으로 예상된다. 지속적 신학수업이든 아니면 농어촌 목회를 준비하든지, 성서학, 심리학, 철학, 윤리학, 종교학 등의 교육이 필요하다. 향후 지역의 다른 신학교들보다 장로회부산신학교의 경쟁력이 있다.[14]

서두화 선교사는 위의 내용을 포함한 보고를 마치며, 장로회부산신학교 교사 수리를 위한 지원금 1,000 파운드의 사용 허락과 향후

---

14) John Brown, 13-14 그리고 Alan Stuart's personal document, 11.

수년 동안 매년 400 파운드의 보조금을 요청했고, 선교회는 이 요청을 선교부에 청원하기로 1963년 1월 8일에 결의한다.[15]

이후 호주선교부 부산선교회는 장로회부산신학교와 지속적인 관계를 유지해 나아가기 시작한다. 1963년 초 선교사 4명이 10과목을 담당하면서 주당 15시간을 강의했다. 1964년에는 야간 신학교가 시작되었는데, 65명이 등록해 신학 수업을 진행했다. 당시 성서고등학교도 계속 운영되고 있었지만, 선교사들이 관여하지는 않았다.[16]

4. 서두화 선교사와 장로회부산신학교

호주장로교 한국선교부는 장로회부산신학교로부터 강사 요청을 받은 후, 1960년 8월부터 서두화 선교사가 강의를 시작한다. 동년 9월에 부산으로 이사하기 전까지, 서 선교사는 월요일에 마산에서 부산으로 와서 가르친 후 금요일에 마산으로 돌아갔다.

1966년 4월 4일에는 서두화 선교사가 교장으로 취임했다. 서두화 선교사는 장로회부산신학교에서의 그의 사역에 대해 다음과 같이 회고한다.

> 1960년 8월부터 1968년 12월까지 신학교에 있었습니다.... 강사로 주로 성서학을 가르쳤습니다. 예를 들면, 예수의 삶, 공관복음, 요한복음, 사도행전, 요한계시록, 레위기, 오경, 구약의 역사, 신학방법론, 교회예배 등의 과목이었습니다. 이 시기 동안 저는 당시 경남

---

15) Ibid., 18.
16) Ibid., 19.

노회에서 교회 관계 일을 보면서도 신학교의 일을 주로 했습니다. 1966년부터는 약 일 년 동안 교장으로 사역했습니다.... 당시 호주 선교부에서 자금을 지원해 주어서 현재 부산노회 건물로 사용 중인 좌천동의 2층 건물을 지을 수 있었습니다.... 3년 전 한국을 방문했을 때 [김해의] 새 교사를 방문하였습니다. 제가 한때 몸담았던 신학교의 발전한 모습에 저는 커다란 감동을 받았습니다.[17]

장로회부산신학교에서의 강의는 정말 즐거웠습니다. 저에게도 큰 공부가 되었으며, 정말 의미 있는 시간들이었습니다. 저의 서툰 한국어를 참고 이해해준 학생들에게 감사한 마음을 갖습니다.... 제가 만약 신학교에 공헌한 것이 있다면 그것은 아마도 호주교회의 도움과 선교 활동을 통해 얻은 많은 경험을 학생들과 함께 나눈 것이고, 좀 더 나은 강의실과 새 건물을 갖기 위해 노력한 것입니다. 제가 소망하기는, 저로 인해 신학생들이 복음, 특히 구약성서에 대한 이해를 넓혔기를 바랄 뿐입니다.[18]

하지만 경남노회 안의 서로 다른 지역 기반을 배경으로 가지고 있었던 세력들 간의 갈등으로 인해 서두화 선교사의 사역이 어려움을 겪었다. 이북에서 피난 내려온 목회자들과 현지 목회자들 사이의 남북(南北)갈등도 있었고, 지역 배경이 다른 이북 목회자들 사이의 북북(北北) 갈등도 있었다. 하지만 이러한 상황에서도 장로회부산신학교의 교육과 운영을 위해 서 선교사는 헌신적으로 노력한다.

---

17) 서두화선교사가 필자에게 보낸 이메일 (2003.07.29).
18) 서두화선교사가 필자에게 보낸 이메일 (2003.08.08).

특히 1966년 말에는 호주 빅토리아주 여선교회가 보내온 2,000달러를 가지고 신학교를 증축했다. 여선교회는 1967년 7월에 다시 4,400달러와 함께 도서비 1,000달러 그리고 산업선교교육을 위해 1,000달러를 기증했는데, 이 지원금으로 부산노회가 회관으로 사용했던 구건물을 건축했다.[19] 서두화선교사의 신학교육의 일면을 볼 수 있는 이야기가 1964년 11월 7일자 「한국기독공보」에 다음과 같이 게재되었다.

> 일 년 동안 안식년을 마치고 한국으로 지난 9월 17일 돌아와 일하는 호주장로교 서두화 선교사는 평소 신학교에 도서를 비치하여 학생들로 하여금 지적인 수준을 높이려고 하였는데 이번 안식년으로 귀임한 즉시 도서기금으로 60만 원을 바쳤다. 서두화 선교사는 젊음을 한국에서 보내어 주로 농촌교회를 위하여 바치고 있다. 서 선교사는 장로회부산신학교의 명예 교장으로 일하고 있기도 하면서 그는 늘 한국교회 특히 농촌지도자 양성에 전심전력을 기울이겠다고 말하고 있다.[20]

하지만 노회 내 갈등이 지속되자, 서 선교사는 사임을 결심한다. 1968년 6월 7~11일 자 호주선교부 회의록에는 서두화 선교사의 사임을 받기로 한 것이 나타나 있다. 서두화 선교사는 빅토리아주 해외선교본부에서의 사역(Area Officer for the Board of Overseas Missions in the State of Victoria, 1969-1975)을 위해 1968년 12월

---
19) John Brown, 21-22.
20) "서두화 宣敎師가 圖書基金 長老會釜山神學校에 寄贈,"「기독공보」(1664.11.07).

9일 한국을 떠난다.

5. 서두화 선교사의 꿈

2010년 5월 부산장신대학교를 방문한 서두화 선교사는 채플 설교를 통해, 그가 한때 사역했던 신학교육 기관의 어제와 오늘에 대해 부산·경남지역의 다음세대를 이끌어갈 목회자 후보생들에게 다음과 같이 권면했다.

부산장신대학교 신학생들에게 말씀을 전하게 되어서 영광입니다. 정말 오랜만에 학생들에게 말씀을 전하게 되었습니다. 1960년대에 성경학교가 부산진에 있었는데 요즘과 비교하면 아주 작은 캠퍼스였습니다. 조그만 2층 건물과 작은 기숙사밖에 없었습니다. 학생들이 몇 명이나 되었는지 기억이 나지 않는데 전임교수도 몇 분 되지 않았습니다. 사실상 도서관이라고 할 만한 것도 없었고 성경책 외에 교과서를 가진 학생들도 불과 몇 명뿐이었습니다. 제가 아는 한 교과서도 변변한 것이 없었고 읽을거리는 강의 노트뿐이었습니다. 제가 담당했던 어떤 과목은 제가 가르치지 않았다면 학생들은 사실상 배울 기회가 없었을 것입니다. 제가 교장으로 섬기던 시절을 돌아보면 자랑할 것도 없고 스스로 만족스럽지 않다는 것을 여러분에게 고백할 수밖에 없었습니다. 제가 맡은 책임을 감당하기에는 그 시절의 저는 너무 젊었고 경험도 부족했습니다. 제가 그 일을 다시 할 수 있다면 그때보다는 훨씬 더 잘할 수 있을 것이라는 아쉬움이 남습니다. 하나님께서 너그럽게 관용을 베푸셨고 선생님이나 동료들도 용서하리라고 믿고 있습니다. 신학교가 이렇게 크게 성장한 것을 보면서 감사하지 않을 수 없습니다. 건물이나 시설도 훌륭하고 가르치는 분들이나 교육내용도 대단히 훌륭하게 되었습니다. 제가 일하던 시절에는 꿈도 꾸지 못했던 일입니다.[21]

서두화 선교사가 "꿈도 꾸지 못했던 일"이 오늘 현실이 되었다. 부산장신대학교는 오늘 부산울산경남지역 목회와 복음화를 책임지는 신실하고 건실한 신학교육 기관이 되었다. 이러한 열매는 서두화 선교사 같은 헌신적인 호주선교사들의 도움으로 인해 가능했다. 호주선교사들이 씨앗을 심었고, 한국인들과 함께 물을 주었으며, 하나님께서 자라게 해주신 것이다.

비록 젊은 선교사로서의 힘든 시간을 경험했다고 서두화 선교사는 회고했지만, 본격적인 부산·경남지역 신학교육을 위해 헌신한 호주선교회와 서두화 선교사의 사역은 잊힐 수 없는 주춧돌이 되었다. 다사다난했던 신학교 사역을 돌아보며 방문한 부산장신대학교에서의 학생과 교직원과의 만남이 서 선교사에게 각별했던 이유가 있었다.

수년 전 서두화 선교사가 보내준 책 박스에 나무로 제작한 성찬기가 들어있었다. 그리고 다음의 글을 함께 있었다.

나무로 만든 성배(聖杯)와 성반(聖盤)은 30년 전 빅토리아주 북동부에서 은퇴한 한 학교 교사가 취미로 목공을 시작하면서 만든 후, 저에게 선물해 준 것입니다. 성배와 성반은 오세이지 오렌지 나무(Osage Orange Tree)로 만들어졌으며, 색깔은 진한 꿀 색상에서 연

---

21) 서두화 선교사가 부산장신대학교 채플에서 한 설교 (2010.5.25).

한 주황빛 갈색까지 다채롭게 빛납니다. 안타깝게도 시간이 지나면서 꿀 색상이 많이 사라져 이제는 꽤 진한 갈색으로 변했지만, 성배는 여전히 아름다운 형태를 유지하고 있습니다. 처음 그의 작업장을 방문했을 때, 그의 작업장은 나무 부스러기로 가득 차 있었습니다. 그 이유를 물었더니, 작업하는 동안 작품이 혹시라도 떨어져도 손상되지 않도록 부스러기들을 절대 치우지 않는다고 답변했습니다. 보통은 쓸모없다고 여겨 불태워 버리는 나무 부스러기조차 그 용도가 있다는 것을 깨달았습니다. 목수였던 예수님도 사회에서 버림받고 소외된 이들과 자주 어울리셨습니다. 하나님의 계획 가운데 모든 사람은 각자의 자리와 목적을 소유하고 있습니다. 모든 사람은 사랑이신 하나님에게는 무한한 가치를 지닌 존재입니다. 예수님께서는 가난한 사람들에게 복음을 전파하셨고, 부자들의 압제로부터 이들을 보호하셨습니다. 예수님도 가난한 부모에게서 태어나 가난한 마을에서 사셨습니다. 아마도 예수님의 집에 있었던 모든 식기, 접시, 컵은 금과 은이 아니라 나무로 만들어졌을 것입니다. 예수님 가족과 이웃들은 평범하고 실용적인 나무 용기를 사용했을 것입니다. 그렇기에 성찬식에서 나무 성배와 성반을 사용하는 것은, 금은으로 만든 잔과 접시를 사용하는 것보다 훨씬 더 좋습니다. 예수님과 제자들의 최후의 만찬에도 금과 은이 아니라 나무로 만든 잔과 접시가 사용되었을 것입니다. 물론 귀한 손님을 맞거나, 거룩한 성찬식을 거행하는데 귀한 도자기나 은으로 만든 제품을 사용하는 것을 비판하는 것은 아닙니다. 하지만 나무 성배와 성반을 사용해 예수님의 죽음과 부활을 기념하는 것이 성찬식의 의미에 좀 더 가까이 다가갈 수 있다고 생각합니다. 우리 각자의 가치는 우리

의 소유 정도가 아니라, 존재 그 자체에 달려있습니다.[22]

서두화 선교사가 보내준 성배와 성반은, 선교와 목회 정신을 이어가는 후배 목회자에게 전해줄 생각이다. 언젠가 서두화 선교사가 기증한 소박한 나무 성배와 성반을 가지고, 그가 한때 헌신했던 부산장신대학교 출신의 목회자가 집례하는 성찬 예배를 보리라는 꿈을 갖고

---

22) A Wooden Chalice. This chalice and paten were made and given to me 30 years ago by a retired school teacher in North Eastern Victoria who, as a hobby, took up wood turning. It is made from the timber of an Osage Orange Tree, which varies in colour from a rich yellow honey to a soft orange brown. Unfortunately, with age, it has lost much of the honey colour and is now a fairly dark brown, but the chalice still retains its beauty of form. When I first visited his workshed, I was surprised to find just about all surfaces covered with wood shavings as if he never swept up after his work. I asked about the mess, and he told me that he never cleans up the shavings. Occasionally, when the block of wood on which he is working is not securely attached to the lathe, it may come off as it is spinning rapidly, and when this happens, it shoots off and hits anything in its way with considerable force. Hopefully, the soft shavings will prevent the half-finished piece from breaking. So even shavings, normally considered useless and swept up and burnt, have their uses. I am sure that Jesus, himself a carpenter, would have been able to tell a parable about this, since he associated so frequently with the discarded and the marginalized people in society. He would have pointed out that in the plan of God, everyone has a place and a purpose, and everyone is of infinite value to a loving heavenly father. Jesus not only preached the gospel to the poor, but he defended them against the oppressive behaviour of the rich. He himself, almost certainly, would have been a poor man, born of poor parents and living in a town when many were living on the poverty line. Probably all the utensils, the plates and cups in his house were made of cheap pottery or wood, and silver chalices, not to mention gold ones, would have been quite beyond his means. His family and all his neighbours would have been limited to using the cheapest and most utilitarian of equipment. So using a wooden chalice for Communion brings us much closer to the actual circumstances of that last supper Jesus had with his disciples, rather than by using a silver or golden chalice and plate, which is the custom in many churches. This is not meant to criticize this practice in our liturgies, where we try to honour God by using the most valuable and most beautiful of things, just as we bring out our best china and best silver when important guests visit. But using a simple wooden chalice is surely appropriate at times to remind us that Jesus was never numbered among the wealthy or prosperous, and that ultimately, the value of each and every one of us is not related to how much we have, but who we are.

있다.

　나무로 만든 성배(聖杯)와 성반(聖盤)처럼 소박하지만, 변함없는 복음의 본질을 삶으로 증언했던 서두화 선교사의 흔적과 열매가 부산·경남지역을 보석처럼 지켜 나아갈 신실한 주님의 종들 가운데 서서히 드러나고 있다.

장로회부산신학교 학생과 울산의 지역 교회를 방문한 서두화 선교사 (1962)

장로회부산신학교 졸업식. 서두화 선교사 왼쪽은 새문안교회 강신명 목사 (1965.12.17.)

장로회부산신학교 교장으로 취임하는 서두화 선교사 (1966.4.4.)

장로회부산신학교 교장으로 사역하는 서두화 선교사 (1966)

3장 서두화 선교사의 신학 교육

새롭게 건축된 장로회부산신학교에서 강의 중인 서두화 선교사 (1966)

장로회부산신학교로 사용하던 옛 부산진일신여학교 앞의
서두화 선교사와 학생 및 교직원들 (1966.4.4.)

장로회부산신학교 학생들이 탁구와 배구 대회에서 우승한 후의 기념사진 (1966)

장로회부산신학교 학생들과 제주도를 방문한 서두화 선교사 (1960년대 후반)

장로회부산신학교 학생들과 교직원. 맨 뒤편에 부산진교회가 보이고, 그 앞이 새로 지은 건물이다. 왼편에 옛 교사(구 부산진일신여학교)가 보인다. (1967)

서두화 선교사가 보내온 나무로 만든 성배(聖杯)와 성반(聖盤)

4장
Dear Alan, "See You Up There!"
– Written by Ji-Il Tark

Dear Alan, "See You Up There!"

탁지일

1. 마지막 만남

정말 다행스럽고 감사하게도, 2025년 7월 11일 뉴캐슬에 계신 서두화 선교사님을 찾아뵐 수 있었다. 강의 초청을 받아 시드니를 방문할 기회가 있었기 때문이다. 얼마 전부터 조바심이 났었다. 왜냐하면, 늘 지인들에게 보내주시던 이메일을 보내기 힘드셔서, 아들 크리스가 대신 발송하고 있었기 때문이었다.

태어난 후 처음으로, 차량 오른쪽 운전석에 앉아 핸들을 잡고 혼자 2시간을 달려 뉴캐슬에 도착했다. 차량이 왼쪽 차선에 차량이 붙으면 경고음이 울렸는데, 거의 2시간 동안 경고음을 계속 들으며 손에 땀을 쥐고 운전했다. 하지만 이번이 뵙지 못하면 다시는 서 선교사님을 이 땅에서 못 볼지도 모른다는 생각뿐이었다.

뉴캐슬 선교사님 댁에 도착하자 큰아들 크리스가 집 앞으로 마중 나왔다. 크리스는 여러 차례 한국에서 만난 적이 있다. 일신기독병원에서 태어난 크리스의 한국 이름은 서형일이다. 집 안으로 들어서 자, 잠시 일어나 계시던 선교사님을 만날 수 있었다. 다행스럽고 행복하고 기쁜 순간이었다.

거동이 어렵고 통증이 있으셔서 거실의 안락의자에 대부분 앉아 계시거나 주무신다고 하셨다. 선교사님의 손을 잡고 가까이서 이야기를 나눴다. 숨을 깊이 내쉬며, 멀리 와주어서 고맙다고 말씀하셨다. 여전히 장난기가 섞인 듯한 미소는 소년 같았고, 나를 바라보시는 지긋한 눈빛도 여전하셨다.

손을 잡고 이야기를 나누는 동안, 가끔 잠시 주무시는 듯 조용히 눈을 감고 계셨다. 서로 이야기하지 않아도 괜찮았다. 그저 만나서 곁에서 바라보는 것만으로도 모든 상황이 충분히 서로에게 이해되었던 것 같다.

다시 시드니로 돌아갈 시간이 되었다. 선교사님을 위해 기도해드리고 싶다고 하자, 단호하게 거절하시면서 당신이 나를 위해 기도해주시겠다고 하셨다. 두 손을 꼭 잡고 기도를 받았다. 숨을 몰아서 천천히 하지만 분명하게 한마디 한마디 나를 위해 기도하셨다. 순간 하나님 품에 안기기 전 자손들을 위해 마지막으로 간구하던 구약의 어느 족장의 모습이 떠올랐다. 지금도 기도 소리가 또렷하게 들리는 듯하다.

기도를 마치고 선교사님과 길게 포옹했다. 서 선교사님이 내 귀에 대고 나직하게 말씀하셨다. "SEE YOU UP THERE!"

시드니로 돌아오는 길에 믿음, 소망, 사랑, 그리고 슬픔이 교차했다. 이틀 뒤인 7월 13일 크리스가 서 선교사님을 대신해 아래의 이메일을 지인들에게 보냈다.

평소처럼 아버지를 대신해 이메일을 작성해 보냅니다. 아버지는 곁에서 제가 쓰는 것을 지켜보고 계십니다. 이번 주에는 부산장신대학교 탁지일 교수님이 저희를 방문했습니다. 부산장신대학교는 아버지가 1960년대 교장으로 재직하셨던 곳입니다. 지금은 예전보다 훨씬 더 규모와 명성이 커진 곳입니다. 저와 아버지는 한국을 방문할 때마다 탁 교수님을 만났고, 이후에도 정기적으로 이메일을 주고받았습니다. 이번에 시드니에 강의를 위해 방문했다가, 뉴캐슬로 저희를 만나기 위해 오셨습니다. 우리는 함께 기쁜 시간을 보냈습니다. 많은 분이 걱정하고 계시니, 아버지에 관한 소식을 자주 전하겠습니다. 아버지는 두 달 동안 많이 쇠약해지셨지만 그래도 건강하십니다. 최근 많이 주무십니다. 걷는 것도 훨씬 줄었고, 공원 산책은 하기 어렵습니다…. 외출할 때는 저를 꼭 잡으시거나, 지팡이를 짚고 다니십니다. 먼 거리를 가야 할 때는 휠체어를 이용하십니다. 하지만 요즘은 무척 하루하루를 소중하게 여기고 계십니다. 많은 분이 아버지 안부를 궁금해하시니 자주 소식을 전하겠습니다.

한국으로 돌아오고 난 뒤, 7월 19일 크리스로부터 이메일을 받았다. 2시간 전에 선교사님이 소천하셨다는 소식이었다.

"친애하는 지일, 오늘 오후 6시경에 아버지가 돌아가셨습니다. 동생 제레미와 나는 온종일 아버지 곁에서 손을 잡고 책을 읽어드리며 곁을 지켰습니다. 아버지는 잠이 드시는 듯 하나님 품에 안기셨습니다. 공식적으로 모두에게 부고를 전하기 전에 먼저 탁 교수님에게 이메일을 보냅니다. 얼마 전 아버지를 방문했던 일이 얼마나 아버지에게 얼마나 커다란 의미였는지를 말씀드리고 싶습니다. 아버지의 마지막 순간을 함께 해주어서 감사합니다."

서두화 선교사님은 나에게 참 좋은 벗이고 스승이었다. 사람 사이의 신뢰와 우정과 중보기도가 무엇인지를 몸소 보여주셨고, 예수 그리스도의 제자가 어떻게 행동하고 살아야 하는지를 가르쳐주셨다. 그리고 그리스도인의 소망이 무엇인지 "SEE YOU UP THERE!"이란 마지막 인사를 통해 명료하고 선명하게 알려주셨다. 이 마지막 인사는 나에게 주신 서 선교사님의 유언으로 남아있다.

2. 첫 만남

서두화 선교사님은 가까운 '친구'이다. 40여 년의 나이 차이에도 불구하고 늘 친구처럼 대해주셨다. 나를 지긋이 바라보며, 장난기 많은 소년처럼 미소짓던 모습이 여전히 생생하게 기억난다.

2003년 어느 날, 오래된 학교 자료에서 알렌 스튜어드(Alan Stuart)라는 서양 이름을 발견하고 호기심이 일었다. 한국 이름은 '서두화'였다. 부산장신대학교 설립 50주년을 준비하면서 입수한 「소명(召命)」이라는 제목의 교지 창간호 교수 명단에 있었다. 호주연합교회에 문의하자 존 브라운(John Brown, 변조은) 선교사님을 연결해 주었고, 변 선교사님을 통해 서두화 선교사님과 연락이 닿았다.

서두화 선교사님께 부산장신대학교 50주년 행사에 참여를 요청하자, 흔쾌히 참석하겠다는 답변을 받았다. 기대 속에 기다리던 중, 행사를 몇 주 앞두고, 오시기 어렵다는 연락을 받았다. 사모님 문은덕 선교사님이 편찮으셔서 정기적으로 병원 진료에 함께해야 하고, 자녀들이 일하는 동안 손녀들을 돌봐야 했기 때문이었다. 아쉬운 마음이었다. 이때부터 서 선교사님과의 이메일 교신과 만남이 시작되었으니, 올해로 22년이 되었다. 내가 부산장신대학교에서 가르치며 보낸 시간과 거의 겹친다.

여전히 나의 부산경남교회사 수업과 특강은 서두화 선교사님의 이야기로 시작한다. 서두화 선교사님이 우리 학교의 교장으로 활동하던 젊은 날로부터 오늘까지의 삶과 사역을 교회사 속으로 소환해 부산경남지역에서 사역할 목회자 후보생들 그리고 지역 교회 성도들에게 들려준다.

은퇴를 4년 남짓 남겨두고 있다. 하지만 서두화 선교사님에 관한 스토리텔링은 아마도 "SEE YOU UP THERE!" 할 때까지 멈추지 않고 계속될 것 같다. 무엇보다도 서두화 선교사님을 기억하고 기념하는 귀한 지면을 빌어, 서 선교사님과의 인연을 드러내놓고 자랑할 수 있어서 더할 나위 없이 뿌듯하고 감사한 마음이다.

부산의 지인을 만나기 위해 방문하신 서두화 선교사님. 소장하고 계신 도서 리스트를 주시면서, 부산장신대학교 도서관에 기증하시겠다고 말씀하셨다. (2013년 3월 19일)

호주교회 대표들과 부산장신대학교를 방문해 채플 설교와 강의를 하셨다. 수업을 마친 후 학생들을 위해 기도해주시는 서두화 선교사님 (2014년 11월 7일)

4장 Dear Alan, "See You Up There!"

서두화 선교사님과 부산장신대학교 교정에서 찍은 이 사진은 서 선교사님의 책상 위와 나의 연구실 책장에 놓여있었다. 사진을 볼 때마다 서 선교사님이 우리 가족을 위해 기도해주신다고 했고, 나 역시도 그렇게 했다. (2014년 11월 7일)

뉴캐슬에서 마지막으로 만난 서두화 선교사님 (2025년 7월 11일)

5장
서두화 목사의 호주 한인교회 목회
- 양명득 글

Rev. Alan Stuart's Ministry to Korean Churches in Australia
- Written by Myong Duk Yang

서두화 목사의 호주 한인교회 목회

양명득

　호주의 첫 한국인 교회로는 1973년 설립된 멜본한인교회와 1974년 설립된 시드니한인교회(후에 시드니한인연합교회)가 있다. 여기에 흥미로운 사실은 두 교회 모두 시작되는 과정에서 한국에서 선교 활동을 하고 돌아온 호주 목사의 역할이 있었다는 것이다. 이들의 한국어와 한국교회 경험이 호주에서의 교회 설립에 큰 도움이 되었다. 멜본한인교회는 서두화 목사(알란 스튜어트)가 그리고 시드니한인교회는 변조은 목사(존 브라운)가 언급한 두 교회 설립에 깊이 관여하였고 그 교회에서 각각 초대목사로 활동하였다.

　본 소고는 10여 년 동안 한국에서 선교사로 활동하다 호주 빅토리아주로 돌아온 서두화 목사의 한인 목회에 관한 글이다. 서두화 목사는 1957년부터 1968년까지 한국의 마산과 부산에서 여러 교회를 돌보며 일하였다. 그와 그의 아내 리타는 부산에서 아들 둘을 낳았고 아이들이 자람에 따라 영어 교육의 필요성으로 온 가족이 호주로 귀국하였다. 마침 빅토리아장로교회 총회의 해외선교부 지역 실무자로 임명된 알란은 해외 선교와 관계되는 목회를 빅토리아주의 호주교회와 계속 이어나게 되었다.

호주 한인교회의 시작

1972년 호주 멜본 시에는 30명 정도의 한국인이 살고 있었다. 그해 말 또한 한인회도 조직되었다. 한인회의 남기영 회장은 모국어로 예배를 드릴 수 있는 한인교회의 필요성을 인식하며 마침 멜본에 살며 한국어를 구사하는 호주인 서두화 목사를 접촉하였다. 남기영은 당시의 상황을 다음과 같이 회고하였다.

"스튜어트 목사는 10년간 한국에서 선교사로 일한 사람으로 한국 사람들 사이에는 서두화 라는 이름으로 알려진 호주장로교회 목사였다. 그는 한국말에 능한 편이었고 당시는 빅토리아장로교회 총회에서 선교부를 맡고 있었기 때문에 일요일 예배 인도가 가능했다."[1]

그러나 흥미롭게도 서두화 목사는 한인교회 설립제안을 별로 달갑게 생각하지 않았다. 한국 사람이 호주에 살려고 왔으면 한국 사람끼리 모이지 말고 하루라도 빨리 호주사회 속에 동화되는 것이 당연하다고 생각했기 때문이다. 아마 그가 한국에서 한국어를 배우며 한국 사회에 적응하려고 고군분투하였던 그 경험에서 나온 신념이었을 것이다.

그러던 중 1973년 중순 남기영 부부는 멜본에 있는 서 목사 집을 방문하여 한인들의 신앙생활과 모국어가 아닌 영어로 예배드려야 하는 고충을 설명하며 한인교회의 필요성을 다시 설득하였다. 서 목사는 마침내 자신의 생각을 바꾸어 한인교회 설립을 돕기 시작하였다.[2]

---

1) 남기영, 337.
2) 앞의 책, 337.

후에 서 목사는 모국어를 사용하는 한인교회뿐만 아니라 소수민족 교회가 교단 안에서 성장하는 모습을 보면서 초기 자신의 생각이 틀렸다는 사실을 인정하였다. 한 호주교회 예배에서 그는 다음과 같이 설교하였다.

"우리는 예배하기 위해 모이는 것이지, 영어 실력을 향상하거나 호주에 동화되기 위해 모이는 것이 아니기 때문입니다. 따라서 우리는 언어에 신경 쓰지 않고 자신의 생각을 듣고 표현해야 합니다. (중략) 우리는 다른 인종과 집단이 지닌 지혜를 존중해야 합니다. 존중과 관심을 가지고 그들의 말에 귀 기울이고 배우려는 마음을 가져야 합니다."[3]

이런 서 목사의 '회심'과 그다음 해 변조은 목사의 지지로 시드니에 설립되는 한인교회는 결과적으로 백인 중심의 호주연합교회에 큰 영향을 끼쳤다. 그 후 소수민족 교회가 교단 안에 점차로 생겨났고, 그들이 잘 성장하는 모습을 보며 호주교회도 격려되어 정책적으로 지원하였기 때문이다. 호주연합교회 총회는 1985년 스스로를 '다문화교회'로 선포하였다.

호주에서 이민자 단체가 교회를 시작하려면 먼저 그곳 교단에 가입하고 교회당을 확보하고 자신들의 언어로 예배를 인도할 수 있는 목회자가 있어야 한다. 서두화 목사는 이것들을 충족시킬 수 있는 최적의 지원자였다. 마침내 멜본의 첫 한인교회는 자연스럽게 호주장로교회(후에는 호주연합교회)에 가입하였고, 교회당은 버우드장로교회에서, 그리고 예배 인도는 서두화 목사가 맡았다.

---

3)   딥크릭연합교회 설교문, 1993년 8월 22일.

(멜본한인교회 설립 2주년 기념, 1974. 출처: 서두화 가족 앨범)

1973년 7월 8일 오후 3시 멜본한인교회 창립 예배가 열렸다. 성인 20명과 어린이 13명 모두 33명이 참석하였는바 낯선 땅에서 모국어로 예배를 드리는 감격스러운 날이었다. 그렇게 시작된 한인교회에서 서두화 목사는 1976년까지 주총회 선교부의 일을 보면서 한국어로 예배를 인도하며 설교를 하였다. '문의덕 사모님'(리타 스튜어트)은 주일학교 교육을 도왔다.

사실 서두화 목사의 첫 한국어 설교는 1960년 마산에서 한 부활절 설교였다. 그는 자신의 편지에 한국어 공부와 한국어 설교의 어려움을 선교 편지에 쓴 적이 있다.

"부활절에 나는 처음으로 한국어 설교를 하였다. 그리고 10월까지 계속하고 있다. 다음 주부터 좀 더 자주 할 계획이다! (중략) 설교 한번 잘하려고 한 달을 꼬박 쓴다. 먼저 영어로 문맥이 통하는 설교문을 쓰고 그것을 한국어로 번역한다. 그러면 그 내용이 조금 바뀌게 된다. 그다음 한국어 선생이 그 내용을 고쳐주면 세 번째 설교문이 된다! 처음 의도한 내용과 많이 달라질 수 있다. 언젠가 원래의 설교문으로 설교할 수 있기를 바란다."[4]

호주선교사가 한국에 부임하면 보통 서울에서 먼저 한국어 수업을 하였고, 개인 교사를 두고 정기적으로 공부하였다. 서두화 목사도 한국어 시험을 보면서 계속 공부하였지만, 우선적인 선교 활동으로 인하여 공부 시간을 종종 빼앗겼다고 말하였다. 그렇게 어렵게 배운 한국어를 그는 호주에 돌아와서도 유용하게 사용할 수 있었으니 고생한 보람이 있었다.

그 후 1976년 초 성장하는 멜본한인교회에 마침내 한국인 목사가 도착하였다. 한국에서 김이태 목사가 2대 담임으로 부임한 것이다. 김 목사는 후에 장로회신학대학 교수가 되었다. 김 목사가 부임할 당시 서두화 목사는 링우드장로교회로 부임하면서 공식적으로 멜본한인교회를 떠났다.

호주 한인들의 친구

서두화 목사는 한국에 있을 때 고아원의 한 소년을 양자로 삼았었다. 신익균이라 불리는 이 학생의 학비와 자립을 서 목사가 도왔고 마침내 신 씨는 장애 청년을 위한 양지직업훈련원 원장이 되어 오랫

---

4) '더 크로니클', 1960년 3월.

동안 사회에 봉사하였다.

호주로 돌아온 후로도 서 목사는 멜본에 있는 한인들과 다양한 모습으로 관계를 맺으며 지원하였다. 호주와 한국문화에 대한 그의 다문화 이해와 경험은 호주에 정착하려는 많은 한인과 또 호주교회와 관계를 맺기 원하는 한인교회에 귀한 자산이었다. 그뿐만 아니라 호주교회와 마찰과 분쟁이 있을 때 서 목사는 종종 중재자로 초대되었고 그는 양쪽의 입장을 이해시키며 화해를 주도하였다.

(서두화 목사 설교, 2012.
출처: 서두화 가족 앨범)

특히 그는 한인 목회자들에게 따뜻하고 지혜로운 멘토로 아낌없는 도움을 주었다. 그중 한 명이 부산진교회에서부터 친구처럼 지냈던 이대신 집사인바 그의 모친은 김이봉 권사 그리고 그녀의 부친이 부산진교회 초대 장로 중 한 명인 김봉명 장로였다. 이후 이대신 집사의 아들 이준이 호주로 유학 와 정착하였다. 서 목사는 그때 멜본한인교회 장로가 된 이준과 그의 가족과도 친밀한 관계를 이어 나갔다. "호주에서 서 목사님이 저와 식구들에게 할아버지 (Grandpa)라 부르라고 하시고, 멜본에 오실 때에는 저의 집에서 머무시고, 소천하실 때까지 우리 가족을 위해 매일 기도해 주셨습니다."[5]

멜본한인교회에서 목회한 대부분 한인 목사에게 그는 좋은 멘토였지만, 특별한 인연을 가진 한국인 목회자 가정이 있다. 서두화 목사가 부산장로회신학교에서 교장으로 있던 당시 그 학교를 졸업한 주경덕 목사의 장남 주현신 목사가 2003년 멜본한인교회로 부임하였다. 서 목사는 특별한 애정을 가지고 주 목사 가정의 멘토가 되어 호주 생활과 교회 목회에 큰 도움을 주었다. 주 목사 가정이 나중에 한국으로 돌아간 후에도 그 가까운 관계는 계속되었다.

또 한 명의 멜본한인교회 목회자는 고동원 목사이다. 고 목사는 2010년 부임하였는데 서 목사는 그에게 소중한 멘토이자 친구가 되었다. 현재 호주연합교회 차기 전국 총회장인 그는 후에 서두화 목사 추모식에서 다음과 같이 말하였다.

"그는 깊은 겸손과 조용한 지혜를 지닌 분이셨습니다. 처음 뵈었을 때 저는 예의를 갖추어 '목사님'이라고 불렀지만, 그는 부드럽게 말씀하셨습니다. '우리가 친구가 되려면 나를 앨런이라고 불러야 해요.' 그때부터 저는 그를 '앨런'이라고 부르게 되었습니다. 2015년 그분을 방문했을 때, 목사님은 1957년부터 1960년까지 한국에서의 선교 사역을 기록한 친필 일기 세 권을 제게 주셨습니다. 이 귀중한 기록은 지금 멜본한인교회 역사관에 보존되어 있습니다."[6]

---

5) 이준 이메일, 2025. 09. 18.
6) 고동원, '서두화 목사 추모사', 2025.

(변조은 목사와 서두화 목사, 2000년대 초.
출처: 서두화 가족 앨범)

    서두화 목사는 멜본의 또 다른 교회인 한빛교회 설립도 도왔다. 그리고 한국인 담임 목사가 이임하고 부임하는 그사이에 임시 목사로 활동하였다. 1996년 그는 한빛교회의 협동 목사가 되어 후임 목사가 부임하는 과정을 도왔는바 그때 필자가 주총회의 파송으로 한빛교회에 부임하였다. 온화한 미소로 필자를 맞으며 취임예배 설교를 하던 그의 모습을 지금도 잊을 수 없다. 한가지 생각나는 에피소드가 있다. 당시 필자가 성찬식 가운이 없었는데 서 목사가 선뜻 자신의 것을 빌려주었다. 그리고 곧 가운을 돌려드렸는데 지금까지 마음에 걸리는 것이 있다. 가운을 한 번만 사용했기에 세탁을 안 하고 돌려드린 것이다! 그 부끄러운 인연으로 필자도 그의 격려를 받는 행복한 '친구'가 되었다.

    서두화 목사가 사랑하던 사람 중에 탁지일 교수가 있다. 부산장신대학교 후배 교원이라는 인연으로 서 목사는 그를 특별히 아끼었다.

필자가 옆에서 보기에 그들은 마치 부자간 같은 끈끈함이 있었다. 서 목사는 또한 삶의 마지막 단계에서 쓴 자신에 관한 글과 사진을 탁 교수에게 맡겼다. 그만큼 그가 미더웠을 것이다. 그 글에는 필자가 전에 열심히 찾던 호주선교사 사진이 수 장 포함되어 있었다.

미래 세대를 위하여

서두화 목사는 1991년 정규 목회에서 은퇴하였다. 그 후 그는 호주의 여러 지역 교회에서 시간제로 교회 목회와 세계 선교 홍보로 봉사하다 아들이 있는 뉴사우스웨일스주 뉴 카슬에서 마지막 생을 살았다.

뉴 카슬에서의 그의 생활 중 잘 알려지지 않은 뜻밖의 사건이 2023년에 있었다. 그곳 주요 일간지에 97세 되는 서 목사가 체포되었다는 기사가 실린 것이다. 그가 살던 그 지역의 바다는 세계에서 가장 큰 산호 항구로 알려져 있다. 서 목사는 당시 100여 명의 사람과 함께 작은 배와 카약에 나누어 올라 항구를 막으며 기후 변화에 미온적인 정부에 항의 시위를 한 것이다. 호주 주민들은 그 모습을 바닷가에서 지켜보며 소리치며 응원하였다. 30시간 이상의 시위 끝에 서 목사와 시위자들은 경찰에 체포되었다. 그날 체포된 사람 가운데 가장 나이가 많던 서 목사는 다음과 같이 말하였다.

"나는 나의 손자와 미래 세대를 위하여 이 일을 하였습니다. 점점 더 심각하고 빈번해지는 기후 재해의 세상을 그들에게 물려주고 싶지 않기 때문입니다."[7]

서두화 목사는 그 후 2025년 99세로 하나님의 부름을 받았다. '지금 이곳에' 하나님의 나라를 이루기 위하여 서 목사는 평생을 살았고, 그의 삶 가운데 중요한 큰 부분이 우리 한국인들을 위하여 쓰였다는 사실에 감사함으로 고개가 절로 숙여진다.

<참고자료>

고동원, '서두화 목사 추모사', 2025.
남기영, '빅토리아 한인사회', 『호주 한인 50년사』, 진흥출판사, 2008.
빅토리아여선교연합회, 'The Chonicle(더 크로니클)', 멜버른, 1960년 3월.
서두화, '딥크릭연합교회 설교문', 1993년 8월 22일.
'Sydney Morning Herald(시드니모닝헤럴드)', 시드니, 2023년 11월 27일.
양명득 & 클라이브 피어슨 편, 『호주이민 한인교회 30년』, 한장사, 2004.

---

[7] '시드니모닝헤럴드', 2023년 11월 27일.

6장
서두화 목사의 설교 모음
- 양명득 편역

Collection of Rev. Alan Stuart's Sermon
- Edited & Translated by Myong Duk Yang

1. 호주교회와 한인교회에 관하여

본문: 마태복음 20:1-16

20여 년 전, 몇몇 한국인들이 제게 찾아와 멜본에 한국인 교회를 세우는 것을 도와달라고 부탁했습니다. 그렇게 첫 한인교회가 버우드에서 시작해 지금은 멜본을 포함하여 다른 도시에도 많은 한인교회가 있습니다. 그뿐만 아니라 중국인, 인도네시아인, 태평양 섬나라 사람들, 그리스인, 마케도니아인 등 다양한 인종 교회들이 있습니다.

처음에는 그 제안에 제가 좀 망설였습니다. 이민자들이 호주사회에 최대한 빨리 동화하려면 호주교회에 참석해야 하는 것 아닌가요? 하지만 이민자 교회가 성장하는 걸 보면 제 생각이 틀렸다는 걸 알 수 있습니다. 왜일까요.

우리는 예배하기 위해 모이는 것이지, 영어 실력을 향상하거나 호주에 동화되기 위해 모이는 것이 아니기 때문입니다. 따라서 우리는 언어에 신경 쓰지 않고 자신의 생각을 듣고 표현해야 합니다. 우리는 우리 방식대로 자유롭게 행동할 수 있어야 합니다. 예를 들어, 인도와 한국에서 음식을 베푸는 관습처럼 말입니다. 우리는 우리가 항상 옳은 일을 옳은 방식으로 하고 있는지 걱정할 필요는 없습니다.

많은 이민자 단체는 다양한 방법의 조직과 여러 운영 방식에 이미 익숙합니다. 다행히 호주연합교회도 규칙과 규정에 있어서 유연한 태도를 보입니다.

그러나 한국인들은 호주연합교회에 대해 거부감과 어려움도 느낄 것입니다. 그들은 자연스럽게 자신의 신앙에 관해 이야기하고, 교회 생활 또한 신앙을 중심으로 이루어집니다. 하지만 호주연합교회에 있는 우리는 종종 억압적인 분위기에 부끄러워서 신앙에 관해 이야기를 잘 못 합니다. 저는 이것이 문화적 억압이라고 생각하지만, 우리 자신의 보수주의보다 훨씬 자유로운 교파들이 있습니다.

우리 주총회에서 한국교회의 전도부는 어떻게 조직되어 있는지 물으며 그 방식을 배우기 원한다고 했을 때 제가 다소 냉소적으로 반응한 점 양해 부탁드립니다. 한국교회 총회의 전도 부서가 잘 조직되어 있는 것은 그들이 전도 활동을 활발히 해서가 아닙니다. 지역 교인들이 신앙에 대한 일상적인 대화와 전도에 매우 적극적이기 때문에, 이들이 하는 일을 조율할 부서가 필요했습니다. 그 부서는 전도를 촉진하기 위해서가 아니라, 이미 지역 교회에서 진행되고 있는 활발한 전도 활동 때문에 생긴 것입니다.

오늘날 멜본에 있는 한인교회들도 마찬가지입니다. 소위 소수민족 교회라고 불리는 교회들이 현재 성장하는 교회들입니다. 왜냐고요? 그들에게는 신앙이 정말 중요하기 때문입니다.

우리는 지난번 멜본한인교회 설립 20주년 기념행사에 참석했습니다. 콜필드 타운 홀에서 열린 콘서트는 정말 감동적인 수준이었고, 모든 행사가 신앙에 관한 것이었습니다. 청년들, 성가대, 그리고 어린 아이들이 모두 찬송가나 성가를 열정적으로 불렀고, 피아노, 바이올린, 첼로 등의 악기 연주는 모두 성경 구절을 인용하며 진행되었습니다. 콘서트는 기도로 시작하고 마쳤습니다.

이러한 영적인 강조는 형식적인 것이 아니었습니다. 밤새도록 이

어진 행사의 핵심이었습니다. 이 사람들은 신앙에 대해 정말 진지합니다. 그들의 교회는 편리할 때, 골프를 치기에는 너무 습할 때, 또는 아이들을 네트볼이나 테니스 연습에 데려가지 않아도 될 때 그럴 때만 가는 곳이 아닙니다. 그들의 신앙은 삶의 중요한 부분이며, 이것이 바로 호주교회가 재발견해야 할 부분입니다.

멜본에서 있었던 종교 간 토론에서 한 이슬람 대표의 말에 놀랐습니다. "하지만 우리는 이슬람에서 신앙에 대해 진지합니다." 저는 이것이 우리 교회에 대한 무의식적인 비판이라 생각하였습니다. 우리 기독교인들은 이런 비판에 귀 기울여야 한다고 생각합니다. 그들에게 우리 기독교인들은 신앙에 대해 진지하지 않은 것처럼 보이는 것입니다. 지금의 많은 기독교인에게는 주일에 교회 가는 것이 선택 사항일 뿐이라는 사실입니다.

어떤 사람은 선교사를 거지에게 먹을 것을 어디서 구할 수 있는지 알려주는 사람으로 정의했습니다. 친구를 교회에 초대해 보세요. 특히 기념일이나 추수감사절처럼 특별한 일요일에 초대하세요. 그리고 그 핑계로 자신의 신앙에 대해 간략하게 설명해 보는 건 어떨까요?

우리 호주교회에 간청합니다. 소수민족 단체를 지원하며 자신들의 교회를 만들고자 하는 그들에게서 배우기를 바랍니다. 보통은 우리와 분리해 달라는 요청이 아닙니다. 오히려 그들이 이 나라에서, 그리고 그들의 나라에서처럼, 자신들의 전통에 따라 자신들의 언어로 예배할 수 있도록 허락해 달라고 요청하는 것입니다. 그들에게는 우리의 도움이 필요합니다. 그들 중 많은 이들이 이 나라에 새로 온 사람들이고, 난민이나 최소한 매우 제한된 재정 자원을 가진 사람들로서, 예배 시설을 마련하는 데 드는 막대한 비용을 감당할 수 없기 때문입니다. 그들에게는 우리의 도움이 절실히 필요합니다.

또한, 우리는 그들이 사용하는 예배당과 건물을 잘 돌볼 수 있을 것으로 신뢰해야 합니다. 그들이 스스로 최선이라고 생각하는 방식으로 스스로를 조직할 수 있도록 신뢰해야 합니다. 어려움에 처하면 도움을 주어야겠지만, 이는 거만하지 않고 세심하게 실행할 때만 가능합니다. 그들은 어린아이처럼 보살핌을 받거나, 더 현명하고 우월한 사람들에게 교육받거나, 지도받아야 하는 존재가 아니라는 것을 인식해야 합니다.

호주에서의 우리 역사는 200년입니다. 서양에서는 약 1500년, 아시아에서는 3000년의 역사에 가깝습니다. 우리가 얼마나 겸손해져야 하는지에 대한 이야기는 잠시 접어두세요. 제게는 그런 말이 종종 진솔하지 않게 들립니다. 우리는 다른 인종과 집단이 지닌 지혜를 존중해야 합니다. 존중과 관심을 가지고 그들의 말에 귀 기울이고 배우려는 마음을 가져야 합니다. 만약 우리가 이 교회들로부터 신앙 활동을 배우지 않는다면, 우리는 하찮은 소수 집단으로 전락할 것입니다.

우리는 이민자교회의 존재를 하나님께서 우리에게 주신 선물로 여겨야 하며, 이를 통해 우리가 더 크고 더 나은 일을 하도록 인도받아야 합니다.

(딥크릭연합교회, 1993년 8월 22일)

2. 일신병원의 기적

본문: 요한복음 16:5-7

    이 말씀은 예수님께서 믿지 않는 제자들에게 하신 말씀입니다. 당시 제자들은 어떤 책임도 질 준비가 되어있지 않았습니다. 진정한 위험의 조짐이 보이자마자 그들의 행동이 그것을 보여주었습니다. 그들은 모두 예수님을 버리고 도망쳤습니다. 그들은 아직 준비되어 있지 않았습니다. 예수님께서 의도하신 교회의 초석이 되기 위해서는 기본적인 신학뿐 아니라 실천 신학, 그리고 목회와 전도 활동에 대한 더 많은 훈련이 필요했습니다. 따라서 제자들과 미래 교회의 이익을 위해 예수님께서는 떠나시는 것을 연기하셔야 했습니다.

    그러나 그 마지막 날짜를 예수님께서 정확히 정하신 것은 아닙니다. 그분 자신도 조금 더 머물고 싶어 하셨을지도 모릅니다. 그러나 예루살렘으로 향하는 여정을 시작하자마자 돌이킬 수 없었고, 상황은 이미 그분의 즉각적인 체포를 불가피하게 만들었습니다. 예루살렘을 빠져나와 유대 광야로 사라지거나, 열심당의 희망과 욕망에 굴복하여 로마에 대한 반란을 일으키지 않는 한, 그분은 체포되어 십자가에 못 박히실 운명에 처해 있었습니다.

    인생도 그렇습니다. 우리에게 떠나야 할 때가 옵니다. 우리는 오랜 세월 큰 난관에 맞서고 극복하며 얻은 지혜와 경험을 후계자에게 물려줄 마법의 지팡이를 갖고 싶어 할지도 모릅니다. 하지만 우리는 그런 지팡이를 가지고 있지 않으며, 설령 가지고 있다 하더라도 만능 지팡이는 없습니다.

오늘 우리는 캐스 맥켄지와 헬렌 맥켄지 자매를 함께 기립니다. 이들은 하나님의 부르심에 순종하여 그분과 한국인을 어떻게 최선을 다해 섬길 수 있을지 고민했던 사람들입니다. 두 분은 자신들의 의술을 통하여 부산에서 필요한 일을 발견했습니다. 그들은 하나님의 자녀가 마주할 수 있는 도전적이고, 어렵고, 보람 있는 여정을 시작했습니다.

그러나 오늘은 그것 이상의 의미가 있는 날입니다. 이들이 마침내 그 일과 특권을 내려놓고 다른 사람이 그 사명을 맡도록 하는 것이 시급한 일이 되었기 때문입니다. 한때는 여성 병원이었지만 이제는 기독교 병원으로 거듭난 이 병원의 사역에 도움을 주신 많은 분께 경의를 표합니다.

일신병원의 사역에 참여한 모든 사람의 목록을 만든다면, 많은 놀라움과 더불어 수많은 이름이 포함될 것입니다. 예를 들어, 딕 우튼은 전도 목사로 파송되었지만, 병원 보일러실에서 배관을 수리하는 모습이 종종 발견되었습니다. 도로시 나이트는 간호사로 톱, 대패, 망치, 그리고 다른 도구들을 가지고 목공 작업에 참여했습니다. 우리가 작성할 수 있는 어떤 목록보다도 더 많은 다른 사람들이 있을 것입니다. 왜냐하면 큰 병원은 의사와 간호사(물론 그들이 가장 눈에 띄지만)뿐만 아니라 다른 직원들, 즉 유지 보수 직원, 요식 직원, 행정 직원, 청소부, 병원 이사회, 그리고 이 경우에는 한국과 호주의 교회, 그리고 자문, 재정적 기부, 기도 또는 다른 형태의 지원을 통해 사역에 이바지한 한국인과 호주인 개인들로 구성되기 때문입니다. 이런 사람들은 무수히 많습니다. 그리고 오늘, 우리는 그들을 기리고, 이렇게 많은 사람이 한 팀으로 많은 일을 할 수 있게 해주신 하나님께 찬양을 드립니다.

일신병원은 산부인과, 신생아소아과를 갖춘 여성 병원으로 시작되었습니다. 1952년 10월 15일, 현재 부산진교회 인근 일신유치원에서 병상 14개, 유아용 침대 10개, 외래 진료과를 갖춘 병원으로 시작되었습니다. 직원은 총 5명이었으며, 여성과 어린이 전용 병원이었습니다. 현재 병원의 첫 번째 부분은 1954년 9월에 시작되어 1956년 3월 2일에 개원했습니다. 75개 병상에는 성인용 침대 60개, 유아용 침대 15개, 그리고 건강한 아기용 침대 40개가 있었습니다. 1968년에는 층이 하나 더 증축되었습니다. 병원 앞 좁은 길 건너편에 기숙사가 지어졌고, 이후 수술 동을 포함한 다른 건물들이 점차 증축되었습니다.

1985년 한국 정부의 요구에 따라 종합병원으로 승격되어 의과교육을 계속하였습니다. 병원 이름도 일신여성병원에서 일신기독병원으로 변경했습니다. 이제 병원은 모든 일반 진료과와 약 230병상을 갖추게 되었습니다. 화명 분원도 건립되었습니다. 이 지역을 아시는 분들을 위해 말씀드리자면, 모병원에서 약 8~10마일 떨어진 낙동강변에 있습니다. 75~100병상을 보유하고 있으며, 계속 확장 중입니다.

통계는 흥미로울 수도 있고 지루할 수도 있습니다. 하지만 이 병원에서는 263,371명이 넘는 아기가 태어났습니다. 제 기억으로는 올해 6월까지의 집계였고, 여기에 화명 병원에서 태어난 5,628명의 아기를 더해야 합니다. 인구 과잉인 이 세상에서 이 병원이 어떤 찬사를 받아야 할지 모르겠지만, 이 병원의 분명한 사실 통계입니다.

조산사 교육은 이 사업에서 항상 중요한 부분을 차지해 왔으며, 올해는 100번째 졸업생이 교육을 받는 해인 것 같습니다. 2월 집계

기준으로 2,400명에 조금 못 미치는 이 졸업생들은 한국 전역에 흩어져 있으며, 높은 평가를 받고 있습니다. 이들은 한국에서 산부인과 전문의의 수준과 위상을 크게 향상해 왔습니다. 현재 이 병원에서 산부인과 교육을 받은 의사는 100명을 훌쩍 넘습니다. (이 수치에는 약간의 오류가 있을 수 있지만, 제가 활용할 수 있는 최고의 자료를 바탕으로 수집한 것이며, 적어도 실제 상황을 반영하고 있습니다.)

일신병원은 여전히 기독교 병원입니다. 병동에서 매일 예배를 드리고, 직원들은 일주일에 한 번 예배당에서 예배를 드립니다. 한국장로교회 초창기 여성 안수자 중 일부는 이 병원의 평신도 원목으로 시작했습니다.

이 병원은 의료 및 전도 분야에서 꾸준히 사회봉사 활동을 해왔습니다. 병원 뒤편 산기슭에 일신장로교회를 설립하고 지원했습니다. 병원은 기존 보건소에서 산전 클리닉을 운영하고 있으며, 이 프로젝트의 장점은 그 자체로 증명됩니다. 이러한 클리닉 덕분에 응급실 입원 필요성이 매년 60명대 후반에서 10명대 초반으로 감소했습니다.

일신병원이 시작된 원시적인 환경에 대해 어떻게 말해야 할까요? 헬렌과 캐스는 제가 할 수 있는 어떤 이야기보다 더 잘할 수 있겠지만, 적어도 이것만큼은 압니다. 제 아내 리타가 처음 한국에 갔을 때, 그녀는 크고 거의 정사각형에 가까운 12볼트 배터리가 달린 손전등을 가져갔습니다. 한국전쟁 직후라 전기 공급이 항상 안정적이지는 않다는 말을 들었습니다. 그녀가 손전등을 풀었을 때 헬렌은 그것을 보자마자 "수술실에 전기가 끊겼을 때 필요한 건 바로 이거다"라고 말했습니다. 제 생각에 그것이 리타가 손전등을 본 마지막 장면이었고, 약 9년 후 휴가를 간 헬렌을 대신하여 한국으로 갔던 바바라 마틴조

차도 그 손전등은 아니더라도 적어도 비슷한 손전등을 응급 상황에 사용했던 것을 기억합니다. 하지만 그런 종류의 응급 상황은 적어도 그 초기에는 매일 일어났습니다. 오늘날 의사들이 그런 상황에서 수술하는 모습을 상상할 수 있을까요?

헬렌은 제가 결코 잊지 못할 이야기를 하나 들려주었습니다. 한국인들은 매우 관대한 사람들이고, 선물을 주는 데는 달인이라고 합니다. 선물을 한국인들처럼 주려고 하지 마세요. 그러면 파산할 겁니다. 어느 날, 우리는 우리가 도울 수 있었던 사람들이 얼마나 큰 감사를 표하는지에 대해 이야기했습니다. 우리가 그다지 신경 쓰지 않았던 일들 때문에 도움을 준 사람들이 얼마나 큰 감사를 표하는지에 대해 이야기했습니다. 헬렌은 자신이 아는 사람 중 가장 감사하는 사람은 산부인과 질환으로 병원에 찾아온 여성들이라고 말했습니다. 복음서에 나오는 혈루증으로 고생하던 여인이 예수님의 옷자락을 만지고 병이 나았다는 이야기와 크게 다르지 않을지도 모릅니다.

마지막으로 개인적인 이야기를 하나 더 하겠습니다. 한때 우리 집에는 큰 개 한 마리가 있었는데, 제가 알기로는 아이리시 포인터였던 것 같아요. 온순한 개였고, 저와 함께 미션 지프를 타고 시골을 여행하는 걸 좋아했습니다. 우리 집은 병원 바로 옆이었고, 마당과 병원 앞마당은 나무 울타리로 나뉘어 있었습니다. 그 당시 한국인들은 가끔 개를 키우긴 했지만, 애완동물로 키우지는 않았어요. 경비견으로 키우는 경우가 많았는데, 제가 집을 방문해야 할 때면 항상 개들이 줄에 묶여 있는 게 기뻤습니다.

어느 날, 젊은 산모가 병원에서 나와 현관 계단을 내려가 예약된 택시를 탔습니다. 산모는 갓 태어난 아기, 가장 소중한 아기를 품에 안고 있었습니다. 그런데 마침 현관문이 열려 있었고, 우리 강아지가 계단을 뛰어 내려갔습니다. 바로 앞에는 지프차 문이 활짝 열려 있었습니다. 강아지는 기대에 찬 듯 껑충껑충 뛰어 택시 안으로 들어갔습니다. 산모는 겁에 질려 소리쳤습니다. 다행히 제가 발견하여 강아지를 붙잡았습니다. 사실 산모와 아기는 아주 안전했습니다. 강아지는 순했으니까요. 하지만 산모는 그것을 몰랐을 것입니다. 심장마비 없이 산모는 무사히 집으로 돌아갔습니다.

일신병원에 관한 모든 이야기하기에는 시간이 부족합니다. 하지만 거의 모든 환자는 자신만의 이야기가 있을 것입니다. 때로는 극도로 개인적이고 충격적인, 생명을 위협하는 문제, 희망 없는 치유, 육체적, 정신적 새 삶에 관한 이야기도 있을 것입니다. 관료적, 정치적, 경제적, 의학적 어려움과 장애물을 극복한 이야기도 있을 것입니다. 초창기 병원 건설 과정에서 예상치 못했던 미군의 지원, 독일 정부, 그리고 국내 및 해외 여러 교회의 지원에 관한 이야기도 있을 것입니다. 이 모든 이야기가 일신병원이라는 전통을 만들어가는 데 공헌했습니다.

미래는 무엇일까요? 더 이상 우리에게 달려 있지 않습니다. 예수님처럼 헬렌과 캐스, 조이스, 닷, 릴리안, 바바라 등 많은 사람이 다른 사람들에게 바통을 물려주었습니다. 그들은 모두 위대한 전통을 지키고 있으며, 병원이 여전히 번영하고 성장하며 점점 더 많은 사람에게 사심 없는 봉사를 제공하는 모습을 보는 것이 그들의 보람이라고 확신합니다. 예수님께서 떠나지 않으셨다면 성령께서 오실 수 없었을 것입니다. 이분들이 떠나지 않으셨다면 다른 사람들은 한국 부산 일신기독병원 50주년을 기념하는 이 일에 다양하고 풍부한 은사를 더할 수 있는 특권을 누리지 못했을 것입니다. 그리고 이 모든 것 뒤에는 우리 주 예수 그리스도의 은혜와 하나님 아버지의 사랑, 그리고 성령의 인도하심이 있습니다. 모든 감사와 찬양을 하나님께 드립니다.

(일신기독병원 50주년 기념, 2002년 9월 15일)

3. 하나님을 증거하는 자

본문: 신명기 18:18, 사도행전 14:16

모세가 죽기 직전, 백성들은 그가 없이 어떻게 살아갈지 걱정했습니다. 그래서 하나님은 후계자를 약속하셨습니다. 신명기 18장 18절에서 하나님께서 모세에게 이렇게 말씀하셨습니다.

"내가 그들의 형제 중에서 너와 같은 선지자 하나를 그들을 위하여 일으키고 내 말을 그 입에 두리니 내가 그에게 명령하는 것을 그가 무리에게 다 말하리라."

그리고 사도 바울은 사도행전 14장 16절에 루스드라 사람들에게 이렇게 선포했습니다. "그분께서 지나간 때에는 모든 민족이 자기들 방식대로 살아가도록 내버려 두셨으나." 하나님께서는 지난 세대에 모든 민족이 제 길을 가도록 허락하셨지만, 선한 일을 행함에서는 자신을 증거하지 않으신 것은 아닙니다. 오늘 저는 이 말씀을 여러분에게 전하고자 합니다.

하나님은 자신을 증거하는 자 없이 두지 않으십니다. 하나님은 모세를 부르셔서 그의 백성을 애굽에서 인도해 내셨습니다. 여호수아를 부르셔서 그의 백성을 약속의 땅으로 인도하셨습니다. 여러 사사를 부르셨고, 사울, 다윗, 솔로몬 등을 이스라엘의 왕으로 부르셨습니다. 선지자들을 부르셔서 백성을 훈계하고 참된 믿음으로 돌아오게 하셨으며, 때가 차서 아들을 보내셔서 그의 사랑과 목적을 확실하게 드러내셨습니다. 하나님은 자신을 증거하는 자 없이 두지 않으셨고 지금도 그렇습니다.

그러나 이 모든 사람의 임무는 동일하지 않았습니다. 여호수아는 모세가 할 수 없었던 일을 했지만, 모세가 한 일을 할 수는 없었습니다. 솔로몬의 공헌은 다윗의 공헌과 근본적으로 달랐습니다. 각 지도자는 하나님과 그분의 뜻과 목적에 가까이 머물렀기에 성공한 것이지, 어떤 특정 전임자의 행위나 스타일을 어떻게 모방했느냐에 따라 성공한 것이 아니었습니다. 하나님께서 부르신 다양한 지도자들에게 각기 다른 임무를 맡기셨듯이, 주현신 목사도 단순히 이전 사역자들의 행위나 활동을 그대로 따라 할 것이라고 기대해서는 안 됩니다. 그가 지 목사나 조 목사, 박 목사, 김 목사의 젊은 복제인간이 되기를 기대하지 마십시오. 그러나 새로운 지도자가 여러분이 사는 시대와 장소에 대한 하나님의 뜻을 찾도록 도와주십시오.

주 목사님은 결코 선배들의 업적을 비판하려 해서는 안 되며, 오히려 그 업적을 발전시켜야 합니다. 그러나 단순히 그들의 발자취를 그대로 따르려 해서는 안 됩니다. 그러므로 그가 여러분을 다른 길로 인도하도록 부름을 받을 수 있음을 기대하십시오.

우리 대부분은 변화를 싫어하기 때문에 이것이 어려움을 초래할 수 있습니다. 우리는 특정한 방식에 익숙해지고, 변화를 요구받을 때 불안해합니다. 서로의 말에 귀 기울이고, 함께 기도하고, 상의한 후, 변화에 대비하고 새로운 도전에 열린 마음으로 임하십시오. 그가 여러분을 인도할 것이기 때문입니다. 그가 하나님의 부르심에 충실하다면 반드시 여러분을 인도해야 하기 때문입니다.

에스겔서 34장에서 우리는 하나님께서 이스라엘 목자들을 향해 하시는 불평을 읽습니다. 이 목자들은 이스라엘의 지도자들, 왕과 제사장들, 그리고 권위 있는 백성으로서 하나님으로부터 직접 부르심을 받아 목자가 양 떼를 인도하듯이 백성을 인도했습니다.

하나님께서는 이 목자들이 양 떼를 돌보지 않고 자기들만 돌보며, 우리가 흔히 말하는 '자기들만의 보금자리'를 꾸민다고 불평하셨습니다. 아마도 이 목자들은 하나님께서 자신들에게 권세와 능력을 주신 것은 자신들이 다른 사람들보다 뛰어나기 때문이라고 생각했고, 자신들을 돌보는 것이 공평하고 정당한 일이라고 생각했을 것입니다.

하지만 그들은 하나님께 책임을 져야 했습니다. 하나님께서 그들에게 지도자의 자리를 주신 것은 그들 자신의 유익을 위해서가 아니라, 그분의 백성을 돌보고 보호하고 인도하기 위해서였습니다. 그들이 하나님께서 맡기신 신뢰에 합당하지 못했을 때, 하나님은 진노하셔서 그들에게 책임을 물으셨습니다. 이것은 이 이야기에서 매우 흥미로운 사실입니다. 민주주의에서 지도자가 국민이 기대하는 일을 하지 않고, 노인들을 돌보지 않고, 자녀들의 교육을 장려하지 않고, 병원 서비스를 국민이 기대하는 수준으로 유지하지 않으면, 국민은 그를 대통령직에서 몰아낼 것입니다.

따라서 거의 모든 정치인은 궁극적으로 유권자 즉 국민에게 책임을 져야 한다는 것을 알고 있습니다. 지도력에 실패하면 다음 선거에서 탈락하게 됩니다. 그것이 바로 민주주의입니다.

하지만 이스라엘은 결코 민주주의 국가가 아니었습니다. 민주주의 국가에서처럼 국민이 최고가 아니었습니다. 하나님이 최고였습니다. 에스겔의 이 이야기에서 불평하는 것은 국민이 아니라 하나님입니다. 국민이 불평했는지는 알 수 없지만, 지도자들에게 책임을 묻는 것은 국민이 아니라 하나님입니다. 지도자들은 국민이 아니라 하나님께 책임을 져야 합니다. 오늘날 우리가 회중에 새로운 지도자를 임명할 때, 이것은 무엇을 의미합니까? 옛 목자들처럼 주 목사는 하나님께서 여러분을 어떻게 인도하시는지에 대해 하나님께 책임을 져야 하며, 하나님께서 그에게 책임을 묻게 하실 것입니다. 교회 안의 많은 사람이 이 사실을 제대로 이해하지 못합니다. 성공회나 로마 가톨릭교회의 사제들은 주교를 통해 하나님께 책임을 져야 합니다. 장로교와 연합교회의 교회 행정 체계에서는 주교의 자리를 노회가 대신합니다. 주 목사는 노회를 통해 하나님께 책임을 져야 합니다.

어떤 교인은 목사가 자신을 부르고 봉급 주는 자신들에게 책임을 져야 한다고 생각합니다. 하지만 사실은 그렇지 않습니다. 목사는 하나님께 그들에 대한 책임을 져야 합니다.

그러므로 목사는 회중을 돌보는 하나님의 종입니다. 이것은 회중의 종이 되는 것과는 다릅니다. 만약 그가 단순히 회중의 종이라면, 그는 하나님의 충실한 종이 아닐 수 있습니다. 따라서 그는 회중의 뜻을 이루기 위해 있는 것이 아니라, 회중 안에서 그리고 회중과 관련하여 하나님의 뜻을 이루기 위해 있는 것입니다.

하나님의 말씀은 항상 듣기 쉬운 것은 아닙니다. 하나님은 우리가 하고 싶지 않은 일을 하기를 원하실 수도 있습니다. 사람들이 항상 하나님의 뜻을 듣고 싶어 하는 것은 아니므로, 목사가 하는 말이 사람들의 반대에 부딪힐 때가 있을 수 있습니다.

그러므로 주 목사님, 권한을 행사할 때는 매우 신중하게 하십시오. 권력은 매우 부패할 수 있습니다. 권한을 행사할 때는 자신이 아닌 하나님께서 원하시는 바를 진정으로 하고 있는지 끊임없이 살펴야 합니다. 당신이 하는 말이 단지 자신의 열망이 아니라 하나님의 뜻이라고 진정으로 믿는 바인지 확인하십시오. 우리는 당신이 부르심을 받아 설교할 때 주로 사람들을 격려하고, 위로하고, 힘을 주고, 칭찬하는 것이 되기를 바라며 믿습니다. 하지만 때로는 도전하고 훈계하는 것이 될 수도 있는데, 이는 확고함과 온유함, 그리고 세심함을 가지고 해야 합니다.

교회와 사회에 필요한 새로운 지도자 스타일에 대해 읽다가 좋은 지도자는 관계 맺기에 탁월하다는 것을 알게 되었습니다. 결단력, 상황 전반의 이해, 사업의 목표와 목적을 파악하고, 어디로 가고 어떻게 가야 하는지 알고 그에 따라 명확한 지침을 내리는 것만으로는 충분하지 않습니다. 좋은 리더는 직원들의 협조를 얻고, 직원들의 통찰력에서 배우고, 모든 직원의 기술과 열정을 활용할 수 있어야 합니다. 그래야만 직장이 생산적이고 행복해질 수 있습니다. 여러분과 회중이 하나님의 뜻을 구하는 데 협력할 때만 교회는 번영하고, 하나님의 목적을 조화롭게 성취할 수 있습니다.

하나님 보시기에 우리는 모두 평등하지만, 공동체 안에서는 특정한 사람들에게 특정한 임무를 부여할 필요가 있습니다. 목회자의 임무는 온 공동체에 복음의 충만함을 일깨워 주고, 신앙 안에서 덜 성숙한 사람들을 인도하는 것입니다. 바울은 독자들에게 이러한 지도자들을 존중하라고 권면하지만, 모든 지체가 교회 생활에 대한 책임을 공유한다는 것은 분명합니다. 각 사람은 약한 신자들을 돕고, 서로 격려하며, 기도하고 감사하는 공동체 생활을 발전시킬 책임이 있습니다. 바울은 그리스도인 회중의 삶이 저절로 이루어지는 것이 아니라는 것을 알고 있습니다. 공동체의 삶에는 규율과 공동의 선을 위해 함께 일하려는 헌신이 필요합니다.

신약성경 말씀을 통해 교인들께 감히 말씀드리고 싶습니다. "너희 가운데서 수고하고 주 안에서 너희를 인도하며 권하는 자들을 존중하고 그들의 사역으로 인하여 사랑 안에서 그들을 더욱 귀히 여기며 서로 화평하라. 너희의 사역자를 하나님이 너희 가운데 세우신 자로 존경하라."(데살로니가전서 5:12-13)

그리고 주 목사에게도 감히 말씀드립니다. "누구든지 네 연소함을 업신여기지 못하게 하고 오직 말과 행실과 사랑과 믿음과 정절에 있어서 믿는 자들에게 본이 되라."(디모데전서 4:12) 그리고 기억하십시오. 당신은 이곳 교인을 돌보는 동안 여기서 하는 모든 일에 대해 하나님께 책임을 져야 합니다.

몇 명의 권유로 소수의 신자로 구성된 이 교회를 제가 시작했을 때, 단지 몇 사람이 모여 모국어로 예배하고 교제를 나누도록 돕는 것으로 생각했습니다. 하나님께서 무엇을 시작하시는지 당시 저는 거의 깨닫지 못했습니다. 하나님께서 시작하신 일을 그분께서 운영하시고 완성하실 것입니다. 사랑하는 여러분, 이 교회와 멜본에서 하나님의 뜻과 목적을 함께 실천하고자 노력하는 여러분 모두에게 하나님께서 계속 축복해 주시기를 축원합니다.

[멜본한인교회, 주현신 목사 취임예배, 2003년 1월]

4. 고귀한 희생

본문: 요한복음 3:16-21

1965년쯤 한국에서 선교사로 일하던 시절, 부산에서 그리 멀지 않은 외딴 계곡을 방문한 적이 있습니다. 진주와 마산 그리고 서울과 부산 철도 선이 만나는 분기점인 상남진에서 우리는 점점 더 험해지는 길을 따라 북동쪽으로 여행했습니다. 그 당시에는 소달구지 외에는 거의 사람이 오지 않는 곳이었습니다. 우리는 지역 자치구 당국과 협력하여 그곳에 교회와 학교를 설립했습니다.

그런데 그곳 사람 중 일부는 기차를 본 적이 없었습니다. 집에서 기차를 타려면 하루 이상 걸어야 했기 때문입니다. 서양인을 본 적이 없던 그들은 "미국 사람이세요?"라는 질문을 하였고 나는 늘 그렇듯이 "아니요. 저는 호주 사람입니다."라고 대답했습니다. 그러자 노인의 얼굴에 환한 미소가 번졌고, 그는 "호주 사람들이 한국전쟁 때 우리를 도와준 첫 번째 사람들입니다."라고 말했습니다.

저는 그 사실을 몰랐지만, 이 외딴 마을에서 대부분의 삶을 살았던 이 남자는 알고 있었습니다. 그리고 그는 저를 한국이 어려움에 처했을 때 도움을 주러 온 그 나라의 대표로 환영해 주었습니다.

6.25는 한국인의 마음속에 지울 수 없이 새겨진 날짜입니다. 벌써 55년이나 지난 먼 옛날이기에, 사실을 알기 위해서는 역사학자들을 찾아야 합니다. 하지만 세상이 그 전쟁의 시작에 대해 어떻게 생각

하든, 일반 한국인들 자신도 전혀 예상치 못한 것은 아니었습니다. 소문은 있었지만, 실제 침략이 일어났을 때는 그 위력과 잔혹함이 예상치 못한 것이었고, 남한과 동맹군이 침략의 흐름을 되돌릴 만큼 충분한 병력을 모으기도 전에 한반도 전체가 거의 점령당했습니다.

당시 일반 호주인이 자신의 나라가 그 전쟁에 개입한 것에 대해 어떻게 생각했는지는 기억이 나지 않습니다. 아마도 망설임은 있었겠지만, 이 문제에 대해 강한 의견을 가진 사람은 거의 없었을 것입니다. 정부는 한국에 병력을 투입했고, 병사들은 명령에 따라 움직였습니다. 많은 호주인에게 한국은 지도에 표시된 일본 근처 어딘가에 있는 작은 나라에 불과했습니다. 선교 활동을 통해 한국에 개입했던 교회들을 제외하고는 한국에 대해 아는 사람이 거의 없었을 것입니다.

하지만 한국전쟁은 곧 세계 뉴스를 장악하게 되었습니다. 그 후 한국에 대한 인식은 전장에서 복무했던 군인들의 경험을 통해 수년간 형성되었습니다. 한국은 덥고 습한 여름과 혹독한 겨울, 눈과 얼음이 공존하는 땅이었습니다. 많은 군인이 천막생활 속에서 극한의 기후를 견디어냈다는 사실을 생각하면, 그들의 감정이 얼마나 강렬했는지, 그리고 그들이 얼마나 큰 고통을 견뎌냈는지 이해할 수 있습니다.

그 전쟁에서 얼마나 많은 사람이 목숨을 잃었는지 저는 모릅니다. 물론 그들 대부분은 한국인이었고, 우리는 그 사실을 잊어서는 안 됩니다. 그리고 그들이 겪은 트라우마가 가장 클 것입니다. 많은 사람이 동족과 싸우고 있다는 사실을 깨달았을 때의 공포를 우리에게 이야기해 주었습니다. 내전은 다른 유형의 전쟁보다 훨씬 더 쓰라리고 고통스럽습니다. 동시에 많은 호주인과 미국인도 1950년에서 1951년까지의 본격적인 교전과 1953년 휴전 협정이 체결될 때까지 산발적으로 벌어진 전투에서 가족을 잃었습니다. 그리고 더 많은 사람이 신체적, 정신적으로 큰 상처를 입은 채 귀국했습니다.

한국전쟁은 이제 과거의 일이므로 당시 전투에 참여했던 사람 대부분이 이제 70대에 접어들었습니다. 그 모든 시간이 지나면 기억이 희미해지나요? 어떤 사건은 너무나 충격적이고 깊어서 어제 일어난 것처럼 느껴지는 경험이 있습니다. 오늘날 살아있는 많은 사람 중에 공포스러운 전투, 귀청이 터질 듯한 포탄 소리, 죽을뻔한 순간, 동료를 잃은 죄책감 등을 잊지 않고 있을 것입니다. 사실 전쟁의 모든 트라우마는 여전히 표면 바로 아래에 숨어 있다가 꿈과 악몽에서도 다시 나타날 수 있습니다. 오늘과 같은 추모 행사 시 우리는 목숨을 잃은 사람들에게 집중하는 경향이 있는데, 이는 적절한 일이지만, 수년간 신체적이고 정신적인 장애를 안고 살아야 하는 사람과 그 가족도 기억해야 합니다.

친구를 위해 목숨을 내놓는 것보다 더 큰 사랑은 없습니다. 오늘날 사람들은 훨씬 더 현실적이어서 전쟁을 미화하려는 사람은 거의 없습니다. 전쟁은 추악한 일입니다. 잔혹하고 잔혹합니다. 고결한 기사도를 발휘할 기회는 거의 없습니다. 전쟁은 어떤 상황에서도 적군을 혐오할 행동을 하도록 훈련합니다. 전쟁 후에 병사들은 자신들이 훈련받은 대로 저지른 일이 품위와 도덕에 대한 그들의 모든 신념에 어긋나는 일임을 깨달아 엄청난 스트레스에 휩싸입니다.

그래서 우리는 수많은 젊은 남녀의 희생을 기립니다. 조국과 자유, 그리고 자유롭게 살며 사랑할 권리를 위해 싸운 한국인들은, 그 누구도 알지 못하고, 만나본 적도 없으며, 우정을 쌓고 사랑하고 미워하는 법을 배울 시간조차 없었던 사람들을 위해 희생되었습니다. 하지만 그들에게는 해야 할 일이 있었고, 그 일을 해냈으며, 그 일을 하면서 최고의 희생을 치렀습니다. 우리는 그들 모두를 기립니다.

호주나 미국의 일반 병사들에게는 전쟁의 옳고 그름이 문제가 되지 않았을 것으로 생각합니다. 그들에게는 전쟁의 정당성에 대한 질문이 주어지지 않았습니다. 다른 사람들이 그러한 결정을 내렸지만, 일반 병사들은 그저 명령에 복종하고, 파견된 곳으로 가서 자신들이 선하다고 들은 사람들의 편에서 싸우고, 악하다고 들은 사람들과 맞섰습니다. 그들에게는 다른 선택지가 없었습니다. 그것이 바로 그들이 해야 할 일이었습니다. 그리고 큰 희생을 치렀습니다. 그들은 특정한 친구나 가족을 위해서가 아니라 지켜져야 한다고 믿는 사람들을 위해 희생하였습니다. 그들의 죽음과 큰 희생을 생각할 때, 우리는 겸허해지며 항상 그들을 기억하겠다고 다짐합니다.

"우리는 영원히 잊지 않을 것입니다."

그들은 우리처럼 살며 늙지 않을 것입니다. 세월이 그들을 지치게 하지 않을 것이고, 세월이 그들을 심판하지도 않을 것입니다. 해가 지고 아침이 밝아올 때, 우리는 그들을 기억할 것입니다.

동시에 그 전쟁에서 살아남아 남은 생애를 장애와 기억 속에서 살아온 이들도 기억합시다. 저는 돌아온 군인이나 선원이나 공군 병사가 아닙니다. 제가 한국을 방문한 것은 전쟁이 끝난 후였습니다. 저는 전쟁의 결과 중 일부를 목격했고, 파괴된 땅과 건물들을 보았으며, 전쟁이 끝난 지 4년이 지난 그때도 여전히 생존을 위해 고군분투하는 피난민들의 곤경을 보았습니다. 그러므로 저는 전쟁에 직접 참여한 사람이 아니라, 예수 그리스도의 복음을 전하는 자로서 여러분 앞에 섰습니다. 그래서 제 메시지는 항상 그분에 대한 것이어야 합니다.

오늘 제가 여러분께 드리고 싶은 말씀은 이것입니다. 여러분이 참전했던 전쟁, 즉 정신과 육체의 박탈과 상처로 고통받았던 전쟁, 그 전쟁은 인간 내면의 악, 권력에 대한 욕망, 사람들의 정신과 육체를 지배하려는 욕망의 결과였습니다. 그것은 선과 악의 싸움이었지만, 항상 명확하게 구분되는 것은 아니었습니다. 우리가 악하다고 여기는 사람들에게도 선이 존재하고, 선하다고 여기는 사람들에게도 악이 존재하기 때문입니다. 선과 악의 싸움은 세상이 시작된 이래로 계속됐습니다.

그리고 한국에 남겨두고 온 동료들의 희생을 생각해 볼 때, 그것이 바로 하나님께서 예수 그리스도를 통하여 인류에 대한 사랑을 위해 치르신 희생이었다는 것을 기억하십시오. 단지 친구들에 대한 사랑이 아니라, 그분을 멸시하고 거부했던 사람들에 대한 사랑입니다. 동료들이 치른 엄청난 희생을 생각할 때, 그것이 바로 하느님께서 당신과 저를 위해 가지신 사랑이라는 것을 기억합시다. 그리고 그의 희생은 무지함에서 비롯된 것이 아니었고, 단순히 더 높은 권위의 명령을 따랐기 때문도 아니었습니다. 죄의 속박 속에 고통받는 인류를 구원하시고자 하신 일이었습니다.

"당신의 희생은 그러한 활동을 고귀하게 만드신 그분을 따르는 것이었습니다. 예수님을 따르겠다는 결심의 결과로 이 희생을 치르지 않았을지는 모르지만, 그럼에도 불구하고 그렇게 함으로써 당신은 실제로 그분의 본보기를 따르는 것이었습니다. 그리고 모든 것과 모든 사람을 아시고 이해하시는 하나님께서는 기억하실 것입니다."

(시드니제일교회, '한국전쟁 호주 참전용사를 기리며', 2005년 6월 26일)

5. 위대하고 거룩한 정화

본문: 누가복음 19:9-10

성경의 기본적인 주제가 무엇입니까? 창세기로부터 계시록까지 성경을 관통하는 기본적인 주제가 무엇이겠습니까? 어느 학자가 말한 바대로 그것은 '위대하고 거룩한 정화'라고 할 수 있습니다. 요점은 이 세상은 쓰레기 더미라는 것입니다. 하나님께서 이 세상을 쓰레기 더미로 만들지 않으셨는데, 우리가 하나님께서 창조하신 세상을 엉망으로 만들어 버렸습니다. 우리가 개울과 강을 오염시키고, 숱한 숲을 파괴했습니다. 대기 중에 엄청난 양의 이산화탄소를 쏟아내서 기후 환경을 변화시켰습니다. 전쟁과 억압으로 수백만의 고귀한 생명을 죽음으로 몰아넣고 사회를 파멸시켰습니다. 하나님께서 창조하신 세계는 이런 세상이 아니었습니다.

하나님께서는 하나님의 백성과 세계를 모두 사랑하시기 때문에 이 세상을 위해서 무언가를 하시기로 하셨습니다. 그래서 무한한 사랑과 인내로 하나님께서는 사람들을 그분께로 불러들이시고, 세계를 회복하기 위해서 새로운 계획을 세우셨습니다. 어떤 이들은 하나님께서 권능을 행사하셔서 사람들을 변화시키는 것이 좋겠다고 생각하지만, 하나님은 사람들이 자유의지에 따라서 하나님을 사랑하고 하나님의 뜻대로 살기를 원하셨습니다.

하나님은 처음에는 아브라함을 그의 종으로 부르셔서 인류를 주님께로 부르시는 사역을 시작하셨습니다. 하나님은 '선택된 백성'과 더불어서 이 사역을 시작하셨습니다. '선택된 백성'은 단순히 그들 자신이 복을 받기 위해서 선택받은 것이 아니라 그들을 통해서 모든 민족에게 복을 전하기 위하여 선택된 것입니다. 이스라엘 민족은 이방인의 빛이 되기 위하여 택함을 받은 것입니다. 이것은 훗날 이사야가 "내가 너를 이방의 빛으로 삼아 나의 구원을 베풀어서 땅끝까지 이르게 하리라" 선포한 것과 같습니다.

그러나 또다시 모든 일이 하나님께서 뜻하신 대로 이루어지지 않았습니다. 이스라엘은 문제를 해결하기는커녕 도리어 문제를 복잡하게 만들고 말았습니다. 이스라엘 민족은 모든 민족을 향한 축복의 통로가 되기보다, 자신들이 하나님으로부터 위로와 도움의 복을 받는 데 더 관심을 두었습니다. 결국, 하나님은 자기 아들을 보내셔서, 그리스도로 하여금 이스라엘 민족이 맡은 과제를 다 수행하게 하셨습니다.

포도나무는 이스라엘의 상징입니다. 예수님께서 '나는 참 포도나무'라고 말씀하셨을 때, 예수님은 자신이 참된 이스라엘 사람임을 뜻하신 것입니다. 예수님 자신이 참된 이스라엘 사람이 되셔서, 하나님께서 하나님의 백성에게 보기를 바라셨던 삶을 사셨습니다. 예수님은 만민의 빛이요, 세상의 빛이 되셨습니다.

이것이 바로 하나님의 계획이 펼쳐진 길입니다. 하나님께서 온 세상을 위해서 위대하고 거룩한 정화를 이루신 길입니다. 아브라함이 모든 민족의 축복 통로가 되고, 예수님께서 만민의 축복이 된 것과 같은 것입니다. 그러나 어떤 점에서 예수님께서는 다시 새로운 일을 시작하셨습니다. 예수님은 그의 제자들을 부르셔서, 그들로 하여금 예수님의 축복을 온 세계에 전하게 하셨습니다.

오늘 날 교회의 선교는 이러한 예수님의 메시지를 선포하는 것입니다. 이는 예수님께서 세상을 위해서 하신 일을 선포함이요, 예수님께서 우리가 모두 그의 길을 따르기를 원하신 바를 선포하는 것입니다. 그래서 이제는 우리가 예수님의 제자로서 '위대하고 거룩한 정화'에 참여하게 되었습니다. 이스라엘처럼 우리가 축복을 받는 데만 관심을 두어서는 안 될 것이고, 다른 이들을 위한 축복의 통로가 되어야 할 것입니다.

교회를 세우는 것은 '위대하고 거룩한 정화'에 참여하는 것입니다. 우리는 무언가를 하는 것이 아니라 하나님께서 우리를 통해서 역사하심을 바로 보아야 합니다. 더불어 우리가 이처럼 생각함과 동시에, 우리는 하나님과 함께 일하는 것이 얼마나 놀라운 특권인지를 깨달아야 합니다.

우리는 하나님께서 이 세상을 지극히 사랑하셔서 그의 아들을 보내셨음을 잘 알고 있습니다. 하나님께서 극진히 사랑하신 것은 교회가 아니라 세상입니다. 하나님께서 사랑하신 것은 '이 세상'입니다. 갈릴리 사람들은 예수님께서 경건한 자와 의인보다 세리와 죄인의 무리를 사랑하신 까닭을 깨닫지 못했습니다. 예수님은 '나는 잃어버린 자를 찾아 구원하기 위해서 왔노라'고 말씀하셨습니다. 그래서 예수님은 언제나 의인의 무리 밖에서 소외된 사람들을 찾으셨습니다. 또 교회는 이 일을 감당하기 위해서 노력해야 마땅한데, 너무나도 자주 정반대로 잘못된 일을 저지르기도 했습니다. 교회의 선교는 자신이 복을 받기 위해서 쫓아다니는 것이 아니라 세계를 위한 축복의 통로가 되어야 합니다.

이스라엘 민족처럼 교회는 주위 사람들에게 빛이 되기 위해서 세워진 것입니다. 우리들은 하나님께서 원하시는 대로 사랑과 관용과 용서와 상호 구제의 삶을 살면, 충만하고 만족스러우며 보람 있는 삶을 살게 된다는 것을 증거해야 합니다. 그래서 증오와 중상과 복수와 같은 것을 사랑과 관용과 화해로 바꾸어야 합니다. 이러한 것이 그리스도인이 세상에 증거해야 마땅한 삶입니다.

멜본서부교회는 특별한 선교 사명이 있습니다. 어떤 점에서는 그 사명은 이곳에서 가까운 이웃에게 증거하는 것이 아닙니다. 대부분의 이 지역 주민은 한국말을 사용하지 않습니다. 주민들이 이 교회에 나오면 설교를 이해하기도 힘들고 대화를 나누기도 쉽지 않을 것입니다. 그러나 멜본 서부지역에는 적지 않은 한국 사람들이 살고 있습니다. 또, 이분들이 한국 사람들과 함께 한국말로 편안하게 예배를 드리려면 먼 길을 여행해야 합니다. 여러분이 이 교회를 세우는 것은 이런 분들을 섬기기 위한 것입니다.

이 사역은 멜본한인교회가 멜본 서부지역의 주민들을 섬기기 위하여 시작한 것입니다. 그러므로 이 교회는 교회에 다니지 않는 분들을 포함해서 모든 서부지역의 주민들을 섬기는 교회가 되기를 바랍니다.

교회가 선교의 사명을 마음속에 간직하고 있으면, 교회는 하나님의 위대하고 거룩한 정화에 참여하는 것입니다. 이 교회는 설립될 때부터 멜본한인교회의 한국인 형제자매의 도움과 지역 노회의 도움을 받게 될 것입니다. 이 사역은 한 교회가 감당하기에는 크고 벅찬 일이므로, 이 사역을 감당하기 위해서는 성령의 권능을 힘입어야 합니다.

이 과제를 감당하기 위해서 한마음이 되어 일하시기 바랍니다. 공동의 목표를 달성하기 위하여 인내와 관용과 친절과 자기 절제가 요청되는데, 이러한 것은 성령께서 주시기로 약속한 은사입니다. 공동의 목표를 위하여 함께 사역하려면 우리가 따라갈 수 있는 모델과 사례가 있어야 합니다. 우리는 예수 그리스도 안에서 그것을 찾을 수 있습니다.

저는 오늘 새싹이 돋아서 새롭게 자라나기 시작한 포도나무의 가지가 풍성한 열매를 거두게 되기를 기원합니다. 이 교회의 교인들 사이에 평화와 일치와 봉사와 서로 간의 진실한 사랑이 가득해서, 누구에게나 감동을 주고 이웃과 예수님을 위해서 헌신하도록 이끄는 교회가 되기를 바랍니다. 이러한 위대한 사역을 수행하는 과정에서 여러분 모두 우리 주 예수 그리스도의 은혜와 성령의 교제와 권능을 풍성하게 받으셔서 다른 사람들에게 하나님 아버지의 사랑을 힘있게 증거하시기를 기원합니다.

(멜본서부교회, 2009년 7월 11일)

6. 한국선교 120주년을 맞으며

본문: 마가복음 10:17-21

호주 장로교회 한국선교 120주년을 기념하면서, 저는 오늘 마가복음 10장 17절에서 21절의 말씀에서 주제를 생각해보고자 합니다. 이 말씀에서 선교사로서 외국으로 나가려면, 자신을 부인하고, 하나님과 교회를 위하여 큰 희생을 하여야 한다고 하는, 몇몇 사람들의 생각에 대하여 살펴보고자 합니다. 저는 이것이 사실이 아니라고 믿습니다. 그리고 복음서도 이것을 지지한다고 생각합니다.

이 이야기는, 우리가 부를 포기해야 한다고, 예수님께서 명령하는 것으로 대개 해석이 되곤 합니다. 그러나 저는 이 해석만이 옳거나 합당한 해석이라 생각하지는 않습니다. 우리에게 생명을 주시기 위하여 예수님께서 오셨다는 것을, 우리는 잊어서는 안 됩니다. 예수님은 우리 삶에서 우리가 소중히 여기는 것들을 빼앗고, 우리를 속박하고자 온 것이 아닙니다.

예수님은 분명히 가난한 자의 편에 계셨습니다. 예수님은 자신을 위하여 돈을 긁어모으면서, 가난한 자를 돌보지 않는 사람들을, 책망하시며 말씀하신 것입니다. 이것이 우리가 잊지 말아야 할 교훈입니다. 그러나 이 이야기에는 이 교훈보다 더 깊은 의미가 있습니다.

우리 삶을 편안하게 해주는 모든 것들을 포기하고 살아야 하나님을 기쁘시게 하는 삶이라고 생각하는 종교적인 사람들이 있었습니다. 그래서 그들은 겨울에는 면 옷을 입고 추워했고, 여름에는 솜옷을 입고 더워하면서, 하나님은 우리가 편안하게 사는 것을 좋아하지 않는다고 했습니다. 예수님은 우리가 풍성한 삶을 살기를 바라십니다. 행복을 준다고 약속하나, 실제로는 주지 못하는 그러한 것들을 버리고 살기를 예수님은 오직 요구하시는 것입니다.

한 사람이, 예수님께로 와서 무엇을 하여야 영생을 얻을 수 있는지를 묻습니다. 이런 질문을 하는 사람은 분명히 자기가 가진 것에 만족을 못 하는 사람입니다. 이 사람은 자기 삶에 무언가 부족하다는 것을 알고 있습니다. 그는 답을 구하기 위해 와야 할 곳으로 온 것입니다.

이 사람은 땅을 가진 지주 중의 하나입니다. 정치적으로도, 가장 힘 있는 사회계층입니다. 많은 사람은, 이 사람이 평생 만족한 삶을 누릴 수 있는 모든 것을 가지고 있다고 생각할 것입니다. 많은 TV 쇼나 광고들은 우리에게 끊임없이 심각할 영향을 주는데, 이것을 보다 보면, 우리도 모르게 물질적인 부가 삶의 전부이고 목적이라고 믿게 됩니다. 그리고 로또나 도박으로 거액의 상금을 타는 사람은 행복하게 될 것이라고 믿게 됩니다.

저는 거액의 상금을 타서 갑자기 부자가 된 사람들의 생활을 연구한 이야기를 들었습니다. 이 연구에 의하면, 그런 사람들의 삶은 행복과는 거리가 먼 것을 보여줍니다. 많은 사람의 삶이 더 망가졌다고 합니다.

우선, 알지도 못했던 친척들이 갑자기 몰려옵니다. 그들은 자기들도 이 행운에 나누어 가질 권리가 있다고 주장합니다. 복권에 당첨된 사람들은, 친척이 많았다는 것을 알 뿐만 아니라, 갑작스러운 자기의 부를 시기하고, 자기를 미워하는 사람들도 많다는 것을 알게 됩니다. 그리고 전에 친했던 친구들과 멀어집니다. 왜냐하면, 친구들이 꼭 가난한 자기 사촌들과 같다고 느끼기 때문입니다. 새 친구들은 이들을 벼락부자가 된 사람들이라고 멸시하며, 상류층으로 인정하지를 않습니다.

그들은 자기 삶이 유쾌하지만은 않다는 것을 알게 됩니다. 결국에는, 새집, 가죽 소파, 포르쉐 자동차도 별 의미가 없다는 것을 깨달게 됩니다. 포르쉐 자동차도 제한 속도로 달려야 하고, 좋은 소파도, 한 번에 하나씩밖에는 앉아볼 수 없고, 집이 크면 클수록 청소만 많아집니다.

본문에 나오는 사람도, 이런 상황인 것 같습니다. 생활이 넉넉하고 지위도, 영향력도, 특권도 갖고 있지만, 무언가가 부족하고, 그리고 자기가 진실로 바라는 무언가가 없음을 깨달았습니다. 물질적인 부와 그것을 통해 얻는 특권이 있지만, 그는 그것으로 삶의 만족을 찾을 수가 없었습니다. 그래서 그는 예수님께 와서 무엇이 부족한지, 무엇을 해야 하는지를 물었습니다.

예수님의 답변은 기본적으로 이렇습니다. "당신은 치유가 필요합니다. 일어나서 정신을 차리고, 가서 당신의 재산을 처분하시오. 당신의 모든 행동을 지배하고, 당신의 마음과 시간을 빼앗아가는 이 재산들을 팔아, 가난한 자들에게 나누어 주시오. 이 모든 얽어매는 것들을 벗어 버리고 나를 따르시오." 이것이 행복을 위한 비결입니다. 당신에게 삶의 만족을 주지 못하고, 이웃을 섬기는 삶을 살지 못하게 하는 당신의 소유물들을 버리십시오.

우리가 정말로, 이 말씀 속에서 삶의 방향을 찾을 수 있다고 믿으며, 이 말씀을 읽었는데 예수님이 요구하시는 것이 너무 커서, 우리가 놀라서 두려워하게 되면, 우리는 이 말씀의 진정한 의미를 놓치게 되어 버리는 것입니다. 그 사람이 모든 소유를 팔아서 나누어주어야 한다고요? 이것은 전혀 생각지도 않은 일이고, 미친 짓 같고, 얼마나 비현실적인 말인가요!

부를 포기해야 한다는 예수님의 명령을, 저는 이전처럼 두려워하지 않습니다. 저는 사람들이 많은 것을 나누어 주는 것을 보았습니다.

그들은 무언가 정말 가치 있는 일을 하겠다는 소망 때문에, 연금, 퇴직금, 출세를 포기했습니다. 이런 희생을 감당하는 사람 중에, 자신이 실패자라고 생각하는 사람은 거의 없습니다.

사람들이 종종 우리 선교사들에게, 당신들은 많은 것을 포기하고 외국으로 갔다고 말을 하곤 합니다. 그것은 사실이 아닙니다. 우리는 그저 부엌의 수도라든가, 온수 시설 등을 포기해야 했습니다. 그 당시 한국은 전쟁 후로 어려웠기 때문입니다. 그러나 우리가 우정 속에서, 보람 속에서, 경험 속에서 얻은 것은, 셀 수가 없습니다. 우리가 한국에 갔기에 얻은 유익은, 호주에 있었으면 얻었을 유익보다 훨씬 많았습니다. 개인적으로는 저는 많은 유익을 얻었습니다. 한국의 신학교에서 학생들을 가르치는 일을 하면서, 내가 정말로 하고 싶었던 깊이 있는 성경 연구를 할 수 있었습니다. 만약 호주에 목회만 했다면, 설교 준비, 행정, 심방, 총회 일들로 너무 바빠서, 이것을 할 수 없었을 것입니다.

하나님은 우리에게 빚을 지지 않으십니다. 하나님은 우리에게, 이것저것을 희생시키며, 우리를 이용하시는 것 같지만, 다른 방법으로 우리에게 측량할 수 없는 엄청난 축복을 주시는 것을 깨닫게 됩니다. 한국 사람을 만남으로 인하여, 우리는 모두 보기 드문 축복을 받았습니다.

그러므로 기억하십시오. 이 이야기는, 한 부자에 관한 이야기가 아니라, 삶이 만족스럽지 못했던 한 사람에 관한 이야기입니다. 그는 재물과 많은 것을 소유했지만, 만족이 없었습니다. 그러므로 그는, 부가 주지 못하는 만족을 찾은 것입니다. 이 이야기의 핵심은 생명을 찾는 것에 관한 이야기입니다. 이 부자의 문제를 해결하는 것은, 부를 포기하는 것이 아니라, 부가 차지하고 있던 자리에 다른 무엇으로 채우는 것입니다. 그는 재산을 팔아, 나누어주고, 와서, 주님을 따라야 합니다.

예수님은 여러분이 아무리 부자라도, 단지 그 부를 포기하라고 부르시지는 않습니다. 무언가 중요한 것을 위한 자리를 바라십니다. 예수님은 무언가 큰, 도전할 만한, 여러분이 생각해보지 않았으나 할 수 있는 것, 시도해 볼만 한 큰 것, 여러분의 돈과 시간과 지위를 희생할 만한 것을 하라고 부르실 수 있습니다. 여러분이 지금 하는 일을 포기하라는 것이 아닙니다. 중요하지 않은 것에서, 더 중요하고 가치 있는 것으로 바꾸라는 것입니다.

그러면 우리는 어디에 있습니까? 예수님은 계속해서 말씀하시기를, 부자가 하늘나라에 들어가는 것보다, 낙타가 바늘귀로 들어가는 것이 더 쉽다고 하셨습니다. 제자들은 그렇다면 누가 구원을 받을 수가 있겠는가 하며 놀랐습니다. 만일 어느 부자가, 순수하고, 도덕적이고, 종교적이고, 자비심이 많고, 하나님의 총애를 받으며 사는데, 이 사람이 천국에 들어가지 못하면, 누가 하늘나라에 들어갈 희망이 있는가 하는 것입니다. 예수님은, 사람으로는 불가능하나, 하나님은 하실 수 있다고 대답하시며, 가능성을 배제하지 않으셨습니다. 만일 부자가 하늘나라에 들어간다면, 그것은 그들의 공로나 재산 때문이 아니라, 하나님의 은혜로 들어가는 것입니다.

만일, 우리의 행위를 통해 천국을 소유할 수 있다고 가정한다면, 아무리 큰 희생을 치른다 해도, 그것으로 천국을 소유하기에는 턱없이 부족할 것입니다. "자, 인제 그만하자, 우리는 천국을 소유할 만큼 충분히 했다"고 말할 수는 없습니다.

그리스도의 길은 값비싼 길입니다. 그것은 십자가의 길입니다. 예수님은 자신이 포기하려고 하신 것보다, 더 많은 것을 우리에게 포기하라고 요구하시지는 않습니다. 예수님은 우리가 의지하는 안전, 부 같은 것을 포기하라고 말씀하십니다. 그래서 풍성하고 영원한 생명을 위하여, 우리로 예수님만을 의지하게 만듭니다.

(딥딘연합교회, 2009년 11월 10일)

7. 너희 중에 죄 없는 자가

본문: 요한복음 8:1-11

제게 특별히 흥미를 끄는 연구의 영역은 예수님의 시대의 사회상에 관한 연구입니다. 이러한 연구는 예수님의 가르침을 이해하는 데 많은 도움을 줍니다.

오늘 여러분에게 말씀드리고 싶은 것 가운데 일부는 케네스 베일리(Kenneth Bailey) 교수님께 배운 것입니다. 그분은 사십 년 동안 근동 지방의 신학교와 연구소에서 신약성경을 가르치면서 근동 지방의 문화 속에서 복음의 이야기를 적절하게 이해하기 위해서 노력해왔습니다. 베일리 교수님은 근동 지방에서 태어났고 히브리어, 아람어, 아랍어, 시리아어를 비롯한 근동의 여러 언어에 통달한 분이었습니다.

천여 년 동안 변함없이 전통문화를 간직하고 있는 근동 지방의 골마을을 학생들을 데리고 자주 방문했습니다. 시골 농부들의 반응을 보기 위해서 농부들에게 예수님의 비유를 전하거나 예수님에 관한 이야기를 설명하곤 했습니다. 교수님이 그런 과정에서 얻은 통찰은 우리가 예수님의 많은 가르침이 지닌 폭과 깊이를 제대로 보게 하고 새롭게 이해하게 했습니다.

이러한 연구의 예를 하나 들어보겠습니다. 요한복음 8장 1-11절에 나오는 간음한 여인의 이야기에 담긴 예수님의 메시지입니다. 다른 학자들과 비교할 때 베일리 교수님은 요한복음에서 주장하는 환경을 받아들여서 전체 상황의 역학을 이해하고 있습니다. 저는 이 이야기가 우리를 죄로부터 구원하기 위하여 이 땅에 오신 예수님에 대한 진리를 밝혀 준다고 생각합니다.

요한복음 7장을 보면 예수님은 초막절에 성전에서 가르치셨는데 예수님의 가르침이 유대 지도자들을 심하게 노하게 했고, 많은 유대인에게 혼란을 초래했습니다. 그러나 군인들이 예수님을 체포하기를 거절했기 때문에 지도자들은 아무것도 할 수 없었습니다.

그래서 그들은 바로 다음 날 예수님에게 올가미를 씌우려고 음모를 꾸몄습니다. 그들은 율법과 율법의 해석에 대해서 유대인들의 지지를 포기하지 않고는 대답하기 곤란한 질문을 예수님께 던졌습니다. 예수님으로 하여금 유대 지도자들이나 열성적인 유대인들이 받아들일 수 없도록 율법을 거부하게 하거나 |죄를 용서하고 원수를 사랑하라고 가르친 예수님의 가르침과 어긋날 뿐만 아니라 로마인들의 분노를 불러일으키도록 행동하게끔 만들려고 했습니다.

그들은 예수님에게 문제를 던지기 위해서 간음 현장에서 붙잡힌 여자를 예수님의 발 앞으로 끌고 왔습니다. 서기관과 바리새인들이 다가와서 많은 청중 앞에서 예수님께 질문을 던졌습니다. 그들은 그 여자는 간음 현장에서 붙잡혔다고 공개적으로 밝혔습니다.

베일리 교수님은 다음과 같이 질문을 했습니다 - "이러한 모든 것이 약간 이상하지 않습니까? 당신이라면 어떻게 누군가 한 사람을 간음 현장에서 붙잡을 수가 있을까요? 간음은 혼자 할 수가 없는 법이지요. 만일 그 여자가 간음 현장에서 붙잡혔다면 그 여자의 파트너도 발각이 되었을 것이고 쉽게 붙잡을 수 있지 않을까요?"

만일에 그들의 율법을 열성적으로 지키는 자들이라면 그들은 왜 그 파트너를 붙잡지 않았을까요? 율법은 (레 20:10) 두 사람을 모두 돌로 쳐 죽이라고 말하지 않는가요? 그들은 율법을 지켜야 한다고 주장하지만 실제로는 이미 율법을 어기고 있는 것입니다.

그러면 그들의 목적이 무엇이었겠습니까? 그들은 율법은 그런 사람은 돌로 쳐 죽여야 한다고 지적했습니다. 그때 예수님께서 무엇을 생각하셨겠습니까?

이런 일이 일어난 곳이 어디인지 생각해보십시오. 성전구역의 넓이는 약 4만 6천 평이나 됩니다. 이만한 넓이면 국제 규격의 축구장을 열두 개나 만들 수 있습니다. 이 지역이 모두 성스러운 곳은 아니지요. 그중에는 희생 제물을 사고파는 시장과 환전상의 좌판이 있는 이방인을 위한 마당도 있었습니다. 그곳은 성전의 세 면을 둘러싸고 있는 긴 통로로 된 회랑과 같은 곳이었습니다. 축제 기간에 로마 군인들은 회랑 지붕으로 올라가서 소요가 일어나지 않는지 감시하며 통로를 따라서 순찰을 하곤 했습니다. 많은 사람이 돌로 치는 것은 정말이지 그들이 금지하던 소동이 아닐 수가 없었습니다.

바리새인들은 많은 사람이 보는 앞에서 모세의 말을 인용해서 예수님께서 율법을 지키는지를 직접 시험하였습니다. 많은 군중이 지켜보고 있었고 틀림없이 로마 군인들도 보고 있었을 것입니다. 예수님께서 "좋다 그 여자를 돌로 쳐라"하고 말씀하시면 예수님은 소요를 일으킨 주모자로 지목을 받아서 로마 군인이 체포했을 것입니다. 만일 예수님이 율법을 무시해도 좋다고 말씀하시면 이스라엘 사람들로부터 율법 교사로서의 권위를 잃게 될 것입니다. 바리새인들은 '윈윈 게임'을 하게 되었다고 생각했을 것입니다.

우리로서는 이해가 잘 안 되는 일이지만 예수님은 땅바닥에 무언가를 쓰기 시작했습니다. 이것은 예수님께서 무언가를 손수 쓰셨다고 복음서가 언급하는 것으로는 유일한 기록입니다. 예수님은 글을 쓰실 수 있으셨고 모래 위에 무언가를 쓰셨습니다.

베일리 교수님은 여기에 한층 심오한 의미가 있다고 말하고 있습니다. 그날은 축제의 다음 날로서 안식일이었습니다. 아무 일도 해서는 안 되는 날이었습니다. 글을 쓰는 것도 금지된 일이었습니다. 글을 쓰는 것은 양피지 위에 영구적인 표식을 남기는 것으로 간주되었습니다. 그러나 땅 위에 손으로 글을 쓰는 것은 영구적인 기록이 아니므로 금지된 것은 아니었습니다. 안식일에 모래 위에 글을 쓰시는 행동을 통해서 예수님은 자신에게 대적하는 이들에게 자신이 기록된 율법에만 정통한 것만 아니라 장로들의 구전 전통도 잘 알고 있다는 사실을 보여주신 것입니다.

이러한 것은 매우 중요한 것입니다. 예수님은 이러한 행동을 통해서 자신이 율법과 전통을 무시하지 않는다는 것을 보여주셨습니다. 예수님께서 은연중에 율법을 지키는 것에 대해서 찬성하고 있다는 것과 율법은 그 여자는 반드시 돌로 쳐 죽여야 한다고 규정하고 있다는 것을 보여주신 것입니다. 예수님께서 모래 위에 무어라고 쓰셨든지 관계없이 대적자들은 공격할 빌미를 찾기 위해서 예수님께서 공개적으로 말씀해 달라고 요구했습니다.

예수님은 율법의 규정을 잘 알고 있다는 사실을 말없이 보여주신 뒤에 다음과 같이 제안하셨습니다. "누구든지 너희 중에 죄가 없는 사람이 먼저 저 여자를 돌로 치라."

시편 53:2-3에서 "하나님이 하늘에서 인생을 굽어살피사 지각이 있는 자와 하나님을 찾는 자가 있는가 보려 하신즉 각기 물러가 함께 더러운 자가 되고 선을 행하는 자 없으니 한 사람도 없도다"하고 말씀하시는 바와 같이 율법은 죄가 없는 사람은 한 사람도 없다고 선언하고 있습니다. 그러니 율법 교사들이 어떻게 죄가 없다고 주장할 수가 있겠습니까? 누구든지 먼저 돌을 던지면 자신은 죄가 없다고 공개적으로 선언하는 것입니다. 그러니 어떤 사람이 자신은 죄가 없다고 선언하면 아주 작은 잘못을 저질렀다고 하더라도 쉽게 고발을 당하게 될 것입니다.

여러분도 잘 아는 바와 같이 군중심리에 사로잡힌 무리는 무슨 짓이라도 할 수 있습니다. 다소 부담스럽기는 했지만, 예수님은 위의 말씀을 통해서 그들이 군중으로 행동하지 않고 각 개인이 결정할 수밖에 없도록 밀어붙이신 것입니다. 나는 전혀 죄가 없는가? 내가 감히 제일 먼저 돌을 던질 수 있는가? 얼마쯤 시간이 지난 뒤에 틀림없이 로마 군인들이 개입해서 이렇게 질문을 했을 것입니다. "누가 이 일을 시작했는가?" "누가 이렇게 하라고 명령했는가?"

이러한 과정을 대화로 구성해 본다면 이렇게 될 것입니다. 예수님께서 하실 말씀: "신사 여러분 여러분은 틀림없이 내가 모세의 율법을 지키다가 감옥에 가기를 원하시지요? 여러분이 원하신다면, 나는 그렇게 할 의사가 있습니다. 율법은 이런 여자는 반드시 죽어야 한다고 명령한다는 것은 나도 알고 있습니다. 모세의 은 로마인들이 허용하지 않는 것을 명령하지요? 여러분 중에 모세의 율법을 지키다가 나와 같이 감옥에 가실 분은 없으신가요? 여러분 중에 율법을 지키기 위해서 나와 함께 고난을 겪으실 분은 없는가요?"

갑작스럽고 극적으로 모든 상황이 바뀌었습니다. 이제 예수님의 대적자들은 도리어 압박을 당하게 되었고, 그들은 무언가 결정을 내리지 않으면 안 되게 되었습니다. 대개 그러면 중동지방의 군중들은 제일 연장자가 무엇을 하는지 지켜보기 마련입니다. 드디어 연장자로부터 젊은 사람에 이르기까지 예수님의 대적자들은 굴복하고 물러갔습니다. 예수님은 다른 사람들을 굴복시키는 일에는 전혀 관심이 없으셨기 때문에 다시 허리를 숙이고 그들을 쳐다보지 않으셨습니다.

이러한 일은 예수님의 복음 전반의 가르침과 아주 밀접하게 연결되어 있습니다. 예수님은 그들을 굴복시키는 데에는 관심이 없었습니다. 예수님은 단순히 그 여자를 구하려 하신 것입니다.

이러한 사건의 결과가 무엇이겠습니까? 예수님은 그 여자를 비난하지 않으셨습니다. 그 여자가 지은 죄를 간과하신 것도 아닙니다. 예수님은 그 여자에게 다시는 죄를 짓지 말라고 명령하셨습니다.

그다음 날 예수님은 계속해서 성전에서 가르치셨고 곧이어서 군중들은 예수님을 돌로 치려고 했습니다. 우리는 예수님의 가르침이 그들을 심각하게 자극했기 때문에 군중들 사이에서 무언가 긴장이 발생했다고 짐작할 수 있습니다. 예수님은 무엇을 가르치든지 어디서나 반대하는 사람들을 만나셨습니다.

바리새파 사람들이 그 여자의 죄에 대해서 분노했는가는 관계가 없습니다. 그 여자는 단지 그들의 음모에 사용된 인질에 불과했습니다. 그들은 그 사건을 통해서 그 여자에게 쏟아야 마땅한 분노를 예수님에게 퍼부은 것입니다. 그것이 예수님께서 그 여자를 구하기 위하여 감당한 대가였습니다. 그들이 그 여자에게 보인 분노를 스스로 짊어지신 것입니다. (사 53:5) "그가 찔림은 우리의 허물 때문이요 그가 상함은 우리의 죄악 때문이라 그가 징계를 받음으로 우리는 평화를 누리고 그가 채찍에 맞음으로 우리는 나음을 받았도다".

이것이 제가 베일리의 책을 읽으면서 새롭게 배운 것입니다. 그것은 어떤 사람을 사랑하는 것이 곧 이웃을 자신과 같이 사랑하는 것이라는 점입니다. 나아가서 예수님은 예수님께서 우리를 사랑하시듯이 서로 사랑하라고 명령하셨습니다. 그러면 예수님은 우리를 어떻게 사랑하셨습니까? 그분은 우리의 죄를 스스로 감당하실 만큼 우리를 깊이 사랑하셨습니다. 예수님은 바리새인들이 그 여자에게 퍼부은 증오를 바꾸어서 스스로 짊어지셨습니다.

누구든지 이 일이 그 여자에게만 일어난 것이 아니라는 사실을 잘 알고 있을 것입니다. 이러한 것은 곧 예수님께서 하신 일입니다. 이러한 것이 어머니가 그의 아이를 위해서 베푸는 사랑과 같은 것입니다. 예수님은 이러한 사랑을 의인들만이 아니라 죄인들에게도 베푸셨습니다. 예수님께서 여러분을 위하여 베푸신 사랑에 여러분이 더하거나 바꿀 수 있는 것이 전혀 없고 여러분이 생명을 얻기 위하여 예수님께서 하실 일을 제한할 수 있는 것도 전혀 없습니다.

이러한 이야기가 예수님의 위대한 자비를 보여준다는 것을 우리는 잘 알고 있습니다. 더불어서 예수님은 우리에게 아버지의 마음을 보여주심을 알고 있기에 이것이 곧 하나님께서 원하시는 것이라는 것도 알고 있습니다. 그분은 죄를 싫어하십니다. 그러나 죄를 싫어하신다는 사실이 죄인을 향한 그분의 사랑을 조금도 손상하지 않습니다.

예수님은 그 여자가 죄를 지었다는 것을 알고 계셨지만 예수님은 그 여자를 구원하려 하셨습니다. 이 이야기는 예수님께서 다른 사람에게 사랑과 용서를 베풀기 위해서 지급한 대가도 동시에 강조하고 있습니다. 용서하기는 언제나 쉽지 않습니다. 하지만 예수님은 망설이지 않고 용서를 베푸셨습니다. 대가에 대해서도 고려하지 않으셨습니다. 주님께서 고통을 받으셨기 때문에 우리는 치유를 받은 것입니다.

이 이야기는 예수님의 자비를 보여줄 뿐만 아니라 예수님께서 자비를 베풀고 용서하기 위해서 지불한 대가가 크다는 것도 알려 줍니다. 주님은 스스로 의롭다고 생각한 바리새인들과 서기관들 즉 율법학자와 율법 해석가들의 분노가 자신에게 쏟아지는 것을 참아야 했습니다. 예수님은 이러한 의인들이 그 여인에게 퍼부으려고 했던 오를 스스로 감당하신 것입니다. 그 여자를 구하겠다는 주님의 생각은 그 여인의 죄에도 구하고 조금도 감소하지 않았습니다.

저는 이 이야기를 온전히 이해하지 못한 채로 목회자로서 50년이 넘도록 교회를 위하여 설교를 해왔습니다. 그러니 우리는 결코 무언가 배우기에는 너무 늙었다고 말할 수가 없습니다. 그래서 저는 여러분께서 용서하신다면 목회하는 후배들에게 계속해서 끊임없이 공부하시라고 조언하고 싶습니다. 매주 약간의 시간을 할애해서 설교를 준비하는데 그치지 말고 할 수 있는 한 현대 성서학 분야의 책을 많이 읽으시기 바랍니다.

(부산장신대학교, 2010년 5월 11일)

8. 돌아온 탕자

본문: 누가복음 15:11-32

　부산장신대학교 신학생들에게 말씀을 전하게 되어 영광입니다. 정말 오랜만에 부산성경신학교 학생들에게 말씀을 전하게 되었습니다.

　1960년대에 성경학교가 부산진에 있었는데 요즘과 비교하면 아주 작은 캠퍼스였습니다. 조그만 이 층 건물과 작은 기숙사밖에 없었습니다. 학생들이 몇 명이나 되는지 기억이 나지 않는데 전임 교수도 몇 분 되지 않았습니다. 사실상 도서관이라고 할만한 것도 없었고 성경책 외에 교과서를 가진 학생도 불과 몇 명 되지 않았습니다. 제가 아는 한 교과서도 변변한 것이 없었고 읽을거리는 강의 노트뿐이었습니다. 제가 담당했던 어떤 과목은 제가 가르치지 않았다면 학생들은 사실상 배울 기회가 없었을 것입니다.

　제가 교장으로 섬기던 시절을 돌아보면 자랑할 것도 없고 스스로도 만족스럽지 않다는 것을 여러분에게 고백할 수밖에 없습니다. 제가 맡은 책임을 감당하기에는 그 시절의 저는 너무 젊었고 경험도 부족했습니다. 제가 그 일을 다시 할 수만 있다면 그때보다는 훨씬 잘할 텐데 아쉽습니다. 하나님께서 너그럽게 관용을 베푸셨고 선생님이나 동료들도 용서하리라고 믿고 있습니다.

　신학교가 이렇게 크게 성장한 것을 보면서 감사하지 않을 수 없습니다. 건물이나 시설도 훌륭하고 가르치는 분들이나 교육내용도 대단히 훌륭하게 되었습니다. 제가 일하던 시절에는 꿈도 꾸지 못하던 일입니다.

오늘 여러분께 말씀드리고 싶은 것은 탕자의 비유에 관한 것입니다. 이 본문은 아마도 사람들이 제일 잘 아는 성경 말씀 중 하나일 것입니다. 많은 기독교인은 탕자까지도 아끼시는 하나님의 사랑을 알게 해주는 이 이야기를 좋아합니다. 하지만 만일 우리가 이 본문을 하나님의 크신 사랑에 대한 증거로만 이해한다면, 예수님이 말씀하시고자 했던 핵심을 간과하는 것입니다.

물론 하나님 아버지의 사랑과 관대하심을 우리에게 가르쳐주는 것도 중요한 내용이지만 그것은 내용의 한 일면에 지나지 않습니다. 우리 하나님의 사랑은 놀라울 뿐 아니라 충격적이기까지 합니다. 주님의 사랑은 정말 멋진 사랑입니다. 비유 속의 아버지가 이기적이고 경솔한 아들을 조건 없이 그리고 바로 용서해 주었다는 이야기는, 특별히 이천 년 전 그 시대 사람들에게 정말 놀랄만한 이야기였을 것입니다.

동네 사람들은 이 탕자가 저지른 일들을 보면서 분해하고 또 기가 막혔을 것입니다. 감히 아들이 아버지에게 유산을 내놓으라고 하는 것은 곧 아버지가 죽기를 바란다는 말입니다. 이야기를 듣던 사람들도 그렇게 알아들었을 것입니다. 이 불효막심한 탕자가 원하는 것은 오로지 아버지의 재산을 마음대로 쓰며 즐기는 것뿐, 아버지나 형, 그리고 마을 사람들은 안중에도 없었습니다.

사람은 사회의 한 구성원이며, 그가 속한 지역 공동체 안에서 개인이 발전합니다. 우리가 행복하고 안정되게 성장했다면 그것은 안전한 주변 환경과, 우리에게 필요한 사랑과 교제 덕분이었을 것입니다. 물론 그중에는 어린이조차 돌아보지 않는 열악한 공동체가 있을 수도 있지만 그건 특별한 예외겠지요. 사람들은 자기조직에 속한 구성원을 배려하게 마련입니다.

하지만 탕자는 주변 사람에 대한 아무 배려가 없습니다. 자기의 의무는 아랑곳없이 내 권리와 내 자유만 생각했습니다. 그런 사람을 보고 "쓸모없는 사람"이라고 하지요. 아마 그런 사람은 동네에 아무 짝에 필요 없는 인간이었을 것입니다.

그러나, 아버지의 마음은 달랐습니다. 동네 사람들은 도대체 왜 그런 나쁜 아들에게 재산을 물려주었는지 도무지 이해할 수 없었을 것입니다. 그 시대 관습으로라면 그 아들을 돌로 치기까지는 않더라도 흠씬 몰매를 때려야 마땅했으니까요. 신명기 21장 18절에 기록되기를 "사람에게 완악하고 패역한 아들이 있어 그 아비의 말이나 그 어미의 말을 순종치 아니하고 부모가 질책하여도 듣지 아니하거든 그 부모가 그를 잡아 성문에 이르러 그 성읍 장로들에게 나아가서 그 성읍 장로들에게 말하기를 우리의 이 자식은 완악하고 패역하여 우리 말을 순종치 아니하고 방탕하며 술에 잠긴 자라 하거든 그 성읍의 모든 사람이 그를 돌로 쳐죽일지니." 그런데 이 이야기 속의 아버지가 탕자의 요구를 들어주었다는 것은 도대체 설명하기 힙듭니다.

하나님의 사랑이 바로 이러한 사랑입니다. 이 비유 속의 아버지는 하나님의 모습을 닮았습니다. 하나님은 그 자녀들을 이처럼 극진히 사랑하십니다. 주님은 우리가 하고 싶어 하는 일을 하도록 허락은 하시지만, 어리석은 행동의 대가로 달갑지 않은 결과를 맞게 될 때 그제야 우리는 탕자의 비유를 기억하게 되는 것입니다.

탕자는 물려받은 땅을 성급히 헐값에 팔아치우고 돈을 모두 챙겨 다른 나라에 가서 다 허비해 버립니다. 구약시대에 존경받는 유대인이 돼지를 친다는 것은 있을 수 없는 일이었을 것입니다.

성경에 '그가 돌이켜 가로되'라고 기록했습니다. 제 처지가 아버지 집의 품꾼보다 못하다는 것을 깨닫고 돌아가 위기를 모면해야겠다고 생각한 것입니다. 아버지는 너그러우니 품삯을 받게 될 테고, 돈을 좀 모으면 자존감도 되찾을 수 있다고 판단했습니다. 쉽지는 않을 거로 생각했겠지요. 동네 사람들을 화나게 했으니 아무도 자기를 도와주려 하지 않을 테지만, 굶어 죽는 것보단 낫다고 판단했을 겁니다.

그래서 탕자가 집으로 돌아오게 되는데, 아버지는 체면 불구하고 뛰어가 아들을 맞아줍니다. 동네 사람들이 보고 돌이라도 던져 쫓아 버릴까 봐 서둘러 달려갑니다. 그리고 뭇 사람들 앞에서 다시 아들로 맞아들이며 사랑을 표현합니다. "제일 좋은 옷을 내어다가 입히고 손에 가락지를 끼우고 발에 신을 신기라."

종들과 이웃들에게 그가 여전히 자기 아들이며, 아버지인 나를 존경하듯 내 아들을 존경해 달라고 요청하는 것입니다. 이러한 조건 없는 사랑을 경험하는 그 순간 탕자는 진심으로 회개하였을 것입니다.

이 말씀을 삶에 적용하며 우리는 하나님의 조건 없는 사랑과 용서하심을 기뻐합니다. 그 사랑이 없었다면 우리의 인생은 심히 고달팠을 것입니다. 그 사랑과 용서하심이 아니었다면 어떻게 우리가 구원받을 수 있었겠습니까? 그러나 여기서 그치지 말고 말씀을 더 살펴봅시다. 이야기 속 형의 모습에서 우리는 무엇을 배울 수 있을까요?

많은 사람은 그가 부당한 대우를 받았다고 생각합니다. 그는 평생 아버지를 충성스럽게 모셨고 성실하게 일했습니다. 이것은 그를 한 일꾼으로서만 평가하는 것이지요. 하지만 그는 아들로서 아버지의 마음을 헤아리지 못했습니다.

큰아들은 밭에서 일하다가 와서 동생을 위해 열린 잔치를 보게 됩니다. 그래서 아마 자기 집 앞 길가에서 놀던 아이들에게 이유를 아느냐고 물었을 것입니다. 아이들이 그 동생이 돌아왔기 때문에 잔치한다고 하자 큰아들은 화가 나서 집에 들어가지 않으려 합니다.

이제 우리는 큰아들의 행동이 무엇을 의미하는지 생각해봅시다. 그는 공개적으로 동생을 다시 맞아들일 수 없다는 표현을 한 것입니다. 그리고 집에 들어오기를 거부함으로써 아버지를 집 밖으로 나오시게 했습니다.

누가복음 28절에서 30절 말씀을 보면 아버지가 나와서 권하지만, 큰아들은 대꾸하기를 "이것 보세요. 내가 여러 해 동안 아버지를 섬겨 말씀에 순종했지만, 나한테는 염소 한 마리 잡아 주지 않으시더니, 집안 재산을 탕진하고 기생들과 놀아난 아들이 돌아오니 살진 송아지를 잡아 주시다니 도대체 말이나 되는 일입니까?"라고 화를 냅니다.

이곳에 주목해 주십시오. 한글 성경에는 번역되지 않았지만, 영어 성경에는 이렇게 기록되어 있습니다. 큰아들은 화가 나서 아버지라고 부르지도 않고, 다짜고짜 "이것 보세요", 즉 "가만히 내 말 먼저 들으세요"라는 불손한 말부터 하는 것입니다. 이것은 무례하기 짝없는 말입니다. 게다가 다른 손님들이 다 듣는 앞에서 감히 이렇게 함부로 아버지를 대하다니요.

생각해보십시오. 여러분이 친구 집에 갔는데 부부가 큰소리로 헐뜯으며 싸운다면 어떻겠습니까? 아마 몹시 민망해져서 다음에 다시

오겠다면서 돌아 나오겠지요.

그런데 여기에 모인 손님들은 잔칫상에 앉아있으니 일어서서 나올 수도 없고 거기서 아버지가 아들한테 수모당하는 것을 지켜볼 수밖에 없었습니다. 아마 동네 사람들이 집 나간 나쁜 아들 이야기랑 큰아들에게 수모당한 그 아버지 이야기를 두고두고 했을 겁니다.

그렇다면 이 사랑 많은 아버지는 결국 작은아들뿐 아니라, 큰아들도 너그럽게 용서해 준 셈입니다. 그는 큰아들에게 그래도 죽은 줄 알았던 네 동생을 잃었다 다시 찾았다고 생각하라고, 동생을 죄인으로 보지 말라고 설득합니다.

바로 이것이 예수님의 말씀 핵심입니다. 본문에 앞서 15장 1~2절을 보면, '모든 세리와 죄인들이 말씀을 들으러 가까이 나아오니 바리새인과 서기관들이 원망하여 가로되 이 사람이 죄인을 영접하고 음식을 같이 먹는다 하더라.'라고 기록되어 있습니다.

여기서 예수님은 하나님의 사랑과 관용에 대해서 설교하시는 것이 아니라, 당신의 삶의 방식이 바로 하나님의 사랑과 관용을 몸소 실천하는 길이라는 사실을 증거 하고 계십니다. 예수님 곁에는 세리들과 죄인들이 가까이 있었습니다. 왜냐하면, 주님은 그들을 심판하거나 적대시하지 않으셨기 때문입니다. 주님은 그들을 환영하셨고 그들은 주님 앞에 나왔습니다. 예수님은 그들을 부도덕한 죄인으로 보지 않고. 그저 길을 잃었다가 다시 집으로 돌아온 사람으로 보셨습니다.

우리는 바로 이것을 배워야 합니다. 하나님의 크신 사랑과 용서하심은 이 이야기의 바탕이 되는 배경이라 할 수 있습니다. 그 사랑과 용서하심으로 하나님은 죄인된 우리를 부르셨습니다. 그러므로 우리도 잘못을 저지른 다른 사람들을 죄인으로 보지 말고 길잃은 사람으로 보아야 합니다. 그리고 그들도 주님 앞으로 나와 하나님의 사랑과 용서하심을 누리게 됨을 함께 기뻐해야 할 것입니다.

적어도 호주교회에서는 종종 평판이 나쁜 사람들이 교회에 들어오는 것을 꺼리곤 합니다. 그들이 회개하고 깨끗한 삶을 살게 되면 그제야 그들을 환영합니다. 하지만 이것은 하나님의 방법이 아닙니다.

비유 속의 아버지는 아들이 먼 곳에서 걸어오는 것을 보자마자, 아들이 먼저 잘못했다고 회개하지도 않았는데, 그를 맞으러 달려가지 않았습니까? 아마 아들이 용서해달라고 빌자, 아버지는 "자, 자, 다 지나간 이야기니 잊어버려라. 지금 네가 집에 돌아왔다는 것이 중요한 거다. 힘들었던 얘기는 나중에 하자. 네가 돌아와서 정말 기쁘구나. 자, 즐겁게 큰 잔치를 해야겠다."라고 말했을 것 같습니다.

또 아버지는 큰아들에게 "감히 손님들 앞에서 나에게 함부로 굴고 모욕적인 폭언을 하다니. 그 몹쓸 버릇을 고친 다음에야 널 용서할 테니 뒷마당에 나가서 네가 한 행동을 반성한 후에 정신이 나거든 다시 들어 오거라."라고 하시지도 않았습니다.

하나님은 우선 우리를 용서해 주십니다. 회개는 그다음에 자연히 이어지는 것입니다. 이것이 바로 주님께로 나아오기만 하면 기꺼이 용서해 주시는 예수님의 사랑이었습니다.

이제 우리가 이 말씀을 묵상하거나, 이웃에게 증거할 때에는 우리가 하나님께 이러한 큰 사랑과 용서를 받았다는 것을 기억하고, 우리도 다른 사람들을 대할 때 이같이 넓은 사랑과 관용을 베풀기를 하나님께서 원하신다는 것을 마음에 꼭 새기게 되기를 기원합니다.

[부산장신대학교, 2010년 5월 25일]

9. 순례의 길 위에서

본문: 마가복음 8:27-35

여러분 중에 한국을 다녀온 분이 있을 것입니다. 또 어떤 분은 그런 희망을 품고 계획을 세우고 있을 것입니다. 여러분이 호주를 사랑하게 되어도 태어난 땅에 대한 강한 애착심은 여전히 계속될 것입니다.

저와 저의 아내는 한국에 다시 돌아가서야 그곳이 얼마나 아름다운지 다시금 깨달았습니다. 끝없이 펼쳐진 아름다운 산! 가장 행복한 추억 중 하나는 여름에 보냈던 지리산에서의 휴가입니다.

이른 아침 산 정상에 서서 동쪽을 바라보면 산맥이 끝없이 펼쳐져 있었고, 계곡에는 아침 안개가 자욱하게 끼어 있어 산맥 하나하나가 마치 구름 위에 떠 있는 듯했습니다. 한 방향으로 최대 열 개의 산맥까지 헤아렸던 것 같습니다.

그때 우리는 동양화의 진실을 깨달았습니다. 우리는 산맥이 세로로 길게 그려진 그림들을 동경해 왔지만, 그것들이 양식화된 그림이라고 생각했을 뿐, 실제로 그런 모습을 볼 수 있을 거라고는 상상도 못했습니다. 하지만 산 정상에서 우리는 몇몇 예술가들이 묘사했던 그대로, 끝없이 펼쳐진 산맥들이 서로 겹겹이 쌓인 모습을 볼 수 있었습니다.

좀 더 산문적으로 말하자면, 이 이야기는 우리가 산을 오르던 때를 떠올리게 했습니다. 보통 몇 시간씩 걸렸고, 정상에 가까워질수록 지쳐서 앞에 펼쳐진 고개를 바라보며 저것이 마지막 오르막이기를 바랐습니다. 하지만 언제나 또 다른 산이 앞에 펼쳐지고, 그 위로 또 다른 오르막이 펼쳐지다가 결국 우리는 거의 포기 상태에 빠졌습니다. 오르막은 끝이 없는 걸까요? 정상은 어디에 있는 걸까요?

탐험가의 삶을 생각하면 목적지에 도달할 수 없는 절망했던 순간이 있었을 것으로 생각합니다. 우리는 지도책에서 이러한 단서를 찾아볼 수 있습니다. 영어로 '실망산'도 있고 '절망산'도 있습니다. 탐험가는 멀리까지 왔고, 바다, 아니면 적어도 다른 무언가를 볼 것으로 기대했습니다. 하지만 산꼭대기에 도착했을 때 그들이 본 것은 거의 무한대로 뻗어 있는 또 다른 산맥뿐이었습니다. 능선을 하나만 더 올랐더라면 목표에 도달했을지도 모르는데 얼마나 많은 사람이 포기하고 되돌아갔을까요.

인생이 이런 것 아닌가 생각됩니다. 우리는 결코 목적지에 도달하지 못할 것 같아요. 앞에 길은 보이는데 오히려 더 가파르고 힘들어지는 것 같습니다. 그리고 정상에 오르면 다 만족스럽던가요? 목적지에 도착했을 때 오히려 실망스럽고 기대에 차지 못할 때가 종종 있습니다. 여행 내내 희망에 차 있었고, 심지어 즐거웠는데, 막상 도착하니 큰 실망감에 휩싸입니다.

그래서 대부분의 즐거움은 여행 그 자체에 있고, 목적지가 기대에 미치지 못할 것이라는 생각으로 여행하는 것은 자멸적인 행위라고 생각합니다. 결국 실망으로 끝날 것이라는 기대를 품고 어떻게 여행을 할 수 있겠습니까? 저는 여행이나 삶에서 자신을 믿고, 스스로 만족할 만큼 성취할 수 있다고 믿는 목표와 목적이 필요하다고 생각합니다.

그리스도인에게 삶은 순례입니다. 우리 목적지는 하나님의 도성입니다. 순례는 그 자체로 가치 있는 것으로 여겨져야 합니다. 우리는 여정을, 그 과정에서 겪는 모든 도전과 어려움 속에서, 동료 여행자들과의 교제 속에서, 그리고 우리 지도자와의 동행 속에서 기뻐해야 합니다. 동시에 우리는 목표를 향해 나아가고 있습니다. 목표가 없다면 순례는 단지 소풍에 불과하며, 궁극적인 순간은 거의 없을 것입니다.

우리는 순례 도상에 있으며 목적지도 있습니다. 하지만 앞으로 나아갈 길은 알지 못합니다. 마치 산길을 내려다볼 때, 길이 잠시 보이다가도 갑자기 산등성이 뒤로 넘어가거나 깊은 계곡에 빠져 시야에서 사라지는 것처럼, 그 길이 멀리까지 보이지는 않습니다. 굽이 굽이를 예상할 수 없고, 방향과 어려움에 대한 아주 희미한 생각만 가질 뿐입니다. 여정을 계속하며, 언덕을 오를 때마다 언덕을 다시 한번 살펴보며 여전히 옳은 방향으로 가고 있는지 확인하고는 계속 나아갑니다. 이미 넘어온 산맥들을 되돌아볼 수도 있겠지만, 결국 다시 앞으로 나아가야 합니다.

오늘 한빛교회 창립 20주년을 맞이했습니다. 참으로 기쁜 날이며, 축하할 만한 날입니다. 뒤돌아보면 예수님께서 변화산에서 그러셨듯이, 여러분도 하나님의 임재를 가까이에서 경험했던 수많은 산봉우리를 볼 수 있습니다. 엄청난 노력과 고난을 극복한 후에야 도달할 수 있었던 산봉우리들입니다. 이 모든 것이 여러분의 여정에 이정표가 되어 줄 것입니다.

하지만 이제는 이러한 것에서 눈을 돌려 앞을 내다보아야 합니다. 우리의 건강과 목적지는 바로 미래에 있습니다. 과거를 찬양하는 데 너무 많은 시간을 허비할 수는 없습니다. 미래가 우리를 부릅니다. 그리고 바로 오늘, 미래는 바로 그런 모습이어야 합니다. 뒤돌아보며 시작과 그동안의 여정, 그리고 이미 이룬 것들에 감사하지만, 이제 돌아서서 앞을 바라보고, 예수님께서 우리에게 아직 남겨두신 일들을 찾는 데 시간을 쏟읍시다.

마가복음을 읽어보면 제자들이 발견한 수많은 사실에 마음이 설레는 것을 느낄 수 있습니다. 예수님은 베드로와 안드레, 야고보와 요한, 그리고 다른 사람들을 부르셨습니다. 예수님과 함께 걸으며 이야기를 나누면서 그들은 예수님이 다른 사람들과 다르다는 것을 서서히 깨닫기 시작했습니다. 그분은 능력을 가지고 계셨습니다. 아마도 그것이 그들이 가장 먼저 배운 것이었을 것입니다. 그분은 질병을 다스리는 능력을 가지고 계셨습니다. 폭풍을 다스리는 능력이 있었고, 나병의 부정함을 다스리는 능력이 있었고, 심지어 죽음을 다스리는 능력도 있었습니다.

하지만 이것으로 충분했을까요? 마가는 일련의 기적을 설명한 후, "그분은 심지어 귀머거리를 듣게 하고 벙어리를 말하게 하신다"라고 군중이 말했다고 기록합니다. 이는 분명 위대한 발견이자 산 정상에서의 경험이었지만, 그것만으로는 부족했습니다. 예수님은 그들이 자신의 인격과 사명을 더욱 온전히 이해할 때까지 계속해서 나아가셔야 했습니다.

그래서 마가는 기적 이야기를 더 기록하고, 그 마지막 부분에 눈 먼 사람 치유에 관해 이야기합니다. 이것은 놀라운 기적입니다. 예수님께서는 이 사람을 완전히 치유하는 것이 어렵다고 생각하신 듯합니다. 예수님께서는 그 사람의 눈에 손을 얹으시고 무엇이 보이는지 물으셨습니다. "사람들이 보입니다. 하지만 그들은 마치 나무처럼 걸어 다니는 것 같습니다."

그래서 예수님께서는 다시 그 사람의 눈에 손을 얹으셨고, 마침내 시력이 회복되었으며 말도 또렷하게 할 수 있게 되었습니다. 예수님께서는 그 사람을 고치기 위해 두 번이나 시도하셨습니다.

글쎄요. 어쩌면 우리는 그걸 이상하게 여기지 말아야 합니다. 예수님이 얼마나 많이 우리를 가르치고, 우리의 실패와 약점을 용서해야 할까요? 하지만 어쩌면 여기에는 더 깊은 의미가 있을지도 모릅니다. 어쩌면 이 사람은 빛을 향한 여정에서 우리 모두가 어떤 모습인지 보여주는 것일지도 모릅니다. 우리도 처음에는 부분적으로만 보았고, 계속해서 우리의 눈을 열면서 온전히 보고 있습니다.

이 두 번째 기적이 끝날 무렵, 예수님은 제자들에게 "사람들이 나를 누구라고 하느냐?"라고 물으십니다. 세례 요한, 예레미야, 선지자라고 대답합니다. 부족한 고백입니다. "너희는 나를 누구라고 하느냐?" 그러자 베드로가 대답합니다. "당신은 그리스도이십니다. 당신은 메시아이십니다." 훨씬 더 만족스러운 고백이었습니다. 베드로가 마침내 지식에 도달한 것일까요? 그는 새로운 산 정상에 도달했지만, 앞으로 갈 길이 더 남아있었습니다.

베드로는 예수님이 메시아임을 알았습니다. 그가 마침내 정상에 섰다고 생각할 수 있습니다. 하지만 메시아가 어떤 분인지 무엇을 하실 분인지 제대로 이해하지 못했습니다. 그러므로 베드로는 아직 정상에 도달하지 못하였습니다. 그는 예수님께서 다른 길로 가시기를 바랐습니다. 예수님께서는 베드로에게 돌아서서 "사탄아, 내 뒤로 물러가라. 네가 하나님의 일은 생각하지 않고 사람의 일만 생각하는구나."라고 말씀하셔야 했습니다.

　베드로에게는 아직 순례의 길이 남아있었고 자신의 여정을 계속해야 했습니다. 십자가 아래까지 그는 결국 메시아의 본질과 목적, 그리고 그분의 사명을 깨닫게 될 것입니다.

(멜본한빛교회 20주년 기념 예배, 2011년 7월 4일)

10. 주의 성령이 내게 임하셨으니

본문: 누가복음 4:18

　오늘 밤 여러분과 대화할 기회를 얻게 되어 정말 영광이고, 주 목사님과 황 목사님을 다시 만나 뵙게 되어 정말 기쁩니다. 여러분 중 많은 분이 40~50년 전 한국을 알고 계실 테니, 그 이후로 이곳에서 일어난 엄청난 변화도 잘 알고 계실 겁니다. 60년대 한국은 한국전쟁의 여파로 여전히 휘청거리고 있었습니다. 엄청난 파괴가 있었죠! 시골길은 비포장도로에 불과했고, 부산에서 마산까지 가는 데 보통 2시간, 진주까지 가는 데 또 2시간이 걸렸던 것을 우리는 잘 기억합니다. 이 세 곳, 우리 선교단의 사역 중심지였던 곳입니다.

　교회는 극도로 가난했습니다. 전쟁 중에 많은 교회가 다시 파괴되었고, 생계유지에 급급한 사람들은 새 교회를 짓거나 손상된 낡은 교회를 수리할 여유 자금이 없었습니다. 많은 사람이 구호품에 의존해 살아갔습니다.

우리가 선교사로 있을 때 대부분 시간을 시골에서 보냈지만, 서울도 종종 가곤 했습니다. 서울은 두 개의 고층 빌딩이 있는 대도시였습니다. 제 기억으로는 반도 호텔이 10층이나 11층 정도였고 조선호텔이 조금 작았지만, 주변 건물들보다 훨씬 더 높이 솟아 있었습니다.

이화여대와 연세대가 있는 신촌은 도시 외곽에 있었습니다. 그리고 가끔 이화여대 캠퍼스를 지나 숲이 우거진 언덕을 넘어 계곡으로 내려가 서대문까지 걸어가던 기억이 납니다. 지금 생각해보면 그런 일이 가능할까요?

우리의 첫 번째 과제는 언어를 배우는 것이었는데, 여러분도 알다시피 외국어를 배우기는 쉽지 않습니다. 사전의 의미를 배우는 것뿐만 아니라 단어가 어떻게 쓰이는지 깨닫는 경험도 필요했습니다.

저는 경험을 통해 '곧'이라는 단어의 의미를 잘 기억합니다. 사전에서는 '즉시(immediately)'라고 했지만, 경험은 그렇지 않았습니다. 결혼 1주년 기념일이었던 일요일에, 우리는 같은 한국인 목사님과 함께 시골교회에 갔습니다. 우리는 잠시라도 함께 시간을 보내고 싶었는데, 당시 저는 한국 예절의 예절을 충분히 알지 못해 예배 후 바로 집으로 돌아가는 것은 매우 무례한 일이라는 것을 깨달았습니다.

우리는 점심 식사에 초대되었고 그들은 음식이 바로 준비된다고 하였습니다. '곧 됩니다.' 그래서 우리는 '지금 준비된다면 기다리자'라고 생각했습니다. 우리는 주인집에 앉아있었는데 꽤 오랜 시간이 지난 후, 뒤쪽에서 닭이 크게 꽥꽥거리는 소리가 들렸습니다. 그때 막 닭을 잡은 것입니다. 그리고 그 생닭을 요리하는 시간도 걸렸습니다.

마침내 우리가 식사를 시작한 것은 오후 3시쯤이었던 것 같습니다. 그렇게 우리는 '곧'이라는 단어의 의미를 배웠습니다. 단어가 항상 사전에서 설명하는 의미를 담고 있는 것은 아닙니다.

그래서 시골 교회 생활은 항상 흥미로웠습니다. 우리는 지역 관습도 배워야 했습니다. 한번은 호주 장로교회 목사님이 한국을 방문했습니다. 그의 고모는 우리가 방문한 마을 사람 중 일부가 아직도 기억하는 초기 선교사 중 한 명이었습니다. 물론 그는 한국어를 한마디도 알아들을 수 없었지만, 자신의 처지를 고려하여 설교단 옆쪽에 놓인 의자에 앉았습니다. 매서운 겨울날이었고 교회에는 난방이 거의 없었기에 우리는 모두 외투를 두른 가장 따뜻한 옷을 입고 있었습니다.

그런데 교회당에 들어가자 신발을 벗으라는 요청을 받았고, 예배 도중 발이 점점 차가워지자 얼굴을 찡그렸습니다. 그런 다음 인사를 하라는 요청을 받았고, 그러기 위해 일어서서 설교단으로 가야 했습니다. 저는 설교단에서 외투를 입는 것은 무례하다고 속삭였습니다. 그래서 그는 설교단 위로 올라가 설교단 뒤에 서서 외투를 벗어 얼어붙은 발에 조심스럽게 내려놓았습니다. 적어도 그 부분은 그가 그곳에 있는 동안 따뜻했습니다.

대부분 한국교회에서 여전히 관례대로, 중보기도는 장로가 인도했습니다. 제가 한국에 온 지 얼마 안 되었을 때, 지역 교회의 한 노장로가 많은 젊은이가 참석한 저녁 예배에서 이 기도를 인도했던 기억이 납니다. 저는 그들의 인도자 옆에 앉았습니다. 그 말을 잘 몰랐지만, 장로가 모든 기도를 마칠 때마다 "간절히, 간절히 바라옵고 기도하옵나이다"라고 말했다는 것을 알게 되었습니다.

저는 그 말을 계속해서 들었기 때문에 세어보기 시작했습니다.

'간절히, 간절히 바라옵고 기도하옵나이다.' 믿기 어려우시겠지만, 저는 그가 그 표현을 35번이나 사용한 것을 세어보았습니다. 청소년 지도자인 한 씨는 젊은이들을 조용히 시키려고 애썼지만, 많은 젊은이는 너무 힘들어하며 웃음을 참을 수 없었습니다. 저는 한국어로 기도할 때 감히 그런 말을 사용한 적이 없습니다.

저희 일의 대부분은 이 나라의 교회를 섬기는 것이었습니다. 한번은 제 동료 중 한 명인 존 브라운이 세례 후보자를 심사하고 있던 일이 기억납니다. 그는 나이 드신 남성이었고 모두가 교회 바닥에 앉아 있었습니다. 처음 질문을 한 후, 존은 그의 아내를 앞으로 나오게 했습니다. 그리고 두 명의 나이 드신 할머니가 남성 뒤에 앉기 위해 앞으로 나아갔습니다.

존은 그런 상황을 겪어본 적이 없었습니다. 기독교에서는 한 아내가 원칙이었기에 아내가 두 명인 남자는 어떻게 해야 할까요? 하지만 만약 그가 아내 중 한 명을 내쫓아야 한다고 말했다면 어떤 일이 벌어졌을지 상상해 보세요. 정말 무정했을 겁니다. 저는 그 이야기를 끝까지 듣지 못했지만, 세 사람 모두 교회에 들어갔을 거라고 확신합니다.

한국에서의 생활에 대해 말씀드리자면, 마산에서 있었던 일이 기억납니다. 지역 소방대원들이 소화기를 점검하기 위해 저희를 방문했을 때였습니다. 우리 집 정문 표지판에는 '호주선교회'라는 문구가 적혀 있었습니다. 그런데 아마 그 사람들은 이곳이 호주교회라고 생각했던 것 같습니다.

그들이 소화기를 꽤 많이 준비하라고 하여 저는 깜짝 놀라며 "여기 사는 사람이 네 명뿐인데요"라고 말했습니다. 그들도 놀란 표정을 지었고, 이 큰 집에 네 명밖에 살지 않느냐고 하며 뒤로 물러섰습니다. 우리 기준으로 보면 보통 크기의 집이었지만, 그 당시에는 한국 가족 4~5가구가 살 수 있는 크기였습니다.

우리 부부는 아들 둘을 두었는데, 당시 둘 다 어렸지만 한 명은 머리카락 색이 금발이었고 다른 한 명은 갈색이었습니다. 우리는 부산에 사는 몇 안 되는 외국인 중 하나였고, 당연히 모든 한국인의 머리는 새까맣습니다. 그래서 우리 아이들은 특히 여성들에게 너무나 매력적이었습니다. 어디를 가든 사람들은 우리 아이들의 머리를 쓰다듬어 주고 싶어 했습니다. 우리 머리카락은 우리가 볼 수 있는 한국인 머리카락보다 훨씬 부드러웠기 때문입니다. 결국, 아이들은 어머니와 함께 시장에 가는 것을 완강히 거부했습니다. 사람들이 와서 머리를 쓰다듬어 주는 것을 싫어했기 때문입니다.

저의 일에서 가장 보람 있었던 부분 중 하나는 부산 바로 외곽에 있는 오륙도 섬의 나환자병원과 관련된 일이었습니다. 그곳의 상애원 교회는 약 400명의 교인이 있었고, 교회는 항상 가득 찼습니다. 가장 감동적인 행사 중 하나는 추수감사절이었는데, 저는 그토록 강렬한 감사의 증거가 있는 교회에 가 본 적이 없었습니다. 그토록 많은 고통을 겪고, 차별받고, 가진 것이 거의 없었던 이 사람들은 추수감사절에 기쁨과 감사로 가득 찼습니다.

그들은 또한 일 년에 한 번 열리는 일요일 소풍을 매우 즐겼습니다. 모두가 잔디밭에 앉아 식사를 즐기고, 나중에는 온갖 운동 경기를 즐겼습니다. 우리 아이들은 아무도 손을 내밀어 만지지 않았기 때문에 그 소풍에 가는 것을 매우 좋아했습니다.

그 당시 많은 그리스도인처럼, 성찬 예배가 거행될 때면 신도의 절반 정도가 자신은 가치가 없다고 생각하고 예배에 참석하지 않았습니다. 저는 가치 없다고 생각하는 사람들이야말로 가장 참석해야 할 사람들이고, 예수님께서 항상 따뜻하게 맞아주시던 사람들이라는 점을 강조했습니다.

성찬상은 보통 교회 바닥보다 1미터 남짓 높은 앞쪽 단상에 놓였습니다. 모두가 바닥에 앉았기 때문에 신도들이 빵과 포도주를 볼 수 없었습니다. 그래서 저는 신도들이 볼 수 있는 바닥에 상을 차리는 것이 어떻겠냐고 제안했습니다.

그 교회 장로가 일곱 명이었기에, 교회 주변에 일곱 개의 식탁을 차리고 신자들이 그 주변에 둘러앉아 성찬을 나누었습니다. 식탁 위에는 빈 접시와 최소 하나의 빈 잔이 놓였습니다. 성찬 예배가 끝난 후, 장로들은 각 식탁으로 빵을 가져다가, 포도주병을 가져다가 빈 잔 하나를 채워주었습니다. 이 모든 것은 그 식탁들을 위의 식탁에서 진행되는 일들과 연결하기 위한 것이었습니다. 이 모든 것이 사람들이 예수님께서 제자들과 함께 거행하신 마지막 만찬을 더욱 생생하게 기념하는 데 한 걸음 더 다가가게 해주었습니다.

첫 번째 예배가 끝난 후, 저는 장로들에게 변화에 대해 어떻게 생각하는지 물었습니다. 그들은 모두 열광했지만, 전혀 다른 이유에서였습니다. 많은 나병 환자들이 '손가락이 없는 손'을 가지고 있어서 빵이나 포도주잔을 잡을 수 없었지만, 장로들은 새로운 방법으로 준비된 식탁 주위를 돌아다니며 사람들에게 성찬을 제공할 수 있었습니다.

저희는 더 많은 신자가 성찬식에 참석하도록 하는 데 성공했다고 생각하지만, 예수님께서 죄인을 사랑하시고 환영하신다는 것을 사람들에게 설득하는 데는 완전히 성공하지 못했습니다!

저희가 호주로 돌아간 후 7년 동안, 즉 제가 교회 목회 사역을 시작하기 전인 1969년부터 1975년까지, 저는 기본적으로 총회 사무실에서 선교 사업을 홍보하는 일을 했습니다.

또 다른 중요한 점은 제가 호주 최초의 한인교회를 세우는 데 도움을 주었다는 것입니다. 이 모든 공로를 제가 차지할 수는 없습니다. 저는 단지 한국어를 할 줄 아는 유일한 호주 사람이었고, 호주교회와 소통하여 예배를 드릴 수 있는 교회당을 확보할 수 있었으며, 예배를 인도할 수 있는 자유로운 주일도 많았습니다. 제가 빅토리아에서 한 가장 좋은 일 중 하나였습니다.

제 경험을 돌이켜보면, 하나님은 위대하시다는 말씀밖에 드릴 수 없습니다. 하나님은 여러모로 우리를 인도하셨고, 우리가 받은 것보다 더 많은 것을 포기하고 있다고 느낀 적은 단 한 번도 없었습니다. 우리는 우리 민족과 문화를 뒤로하고 다른 민족과 다른 문화 속에서 살면서 그 은혜를 결코 잊지 못했습니다. 우리가 사귄 친구들, 용서된 실수들, 그리고 우리가 볼 수 있었던 영광스러운 성취들에 대해 하나님께 아무리 감사드려도 모자랄 것입니다. 그리고 이제 우리는 전 세계에 선교사들을 파송하는 활기찬 교회를 보고 있습니다. 저는 그들도 우리가 받았던 것과 같은 은혜와 축복을 받기를 간절히 기도합니다.

한국교회에서 우리는 무엇을 배웠을까요? 우리는 관대함의 의미를 배웠습니다. 희생의 의미를 배웠습니다. 충성의 의미를 배웠습니다. 제자도의 의미를 배웠습니다. 우리는 우리가 준 것보다 훨씬 더 많은 것을 받고 돌아왔고, 그것은 오늘날에도 마찬가지입니다.

예수님께서 말씀하셨듯이, "내 이름을 위하여 집이나 형제나 자매나 아버지나 어머니나 자식이나 전토를 버린 자마다 백 배를 받고 또 영생을 상속하리라." 우리는 백 배로 돌아오는 것을 경험했고, 나머지는 하나님의 신실하심에 맡깁니다.

(과천교회, 2014년 11월 5일)

11. 나를 선택하신 이유

본문: 출애굽기 33:20-23

하나님의 손에 나 자신을 맡겨드릴 때 우리가 어떤 모험 같은 인생을 살게 될지 알지 못합니다. 어쩌면 우리는 자신의 능력이나 장점에 대해 꽤 잘 이해를 하고 있는지 모르지만, 그것이 다가 아닙니다. 어쩌면 우리는 하나님께서 어떻게 우리 삶을 직접적으로 간섭하시는지 이해하지 못한 채 일생을 마치게 될지도 모릅니다.

출애굽기 33장 모세의 이야기로 돌아가 보겠습니다. 모세가 하나님의 얼굴 뵙기를 구하였으나 모세는 하나님의 얼굴이 아닌 하나님의 뒷모습을 보게 되었습니다. 오늘 본문입니다.

"또 이르시되 네가 내 얼굴을 보지 못하리니 나를 보고 살 자가 없음이라. 여호와께서 또 이르시기를 보라 내 곁에 한 장소가 있으니 너는 그 반석 위에 서라. 내 영광이 지나갈 때에 내가 너를 반석 틈에 두고 내가 지나가도록 내 손으로 너를 덮었다가 손을 거두리니 네가 내 등을 볼 것이요 얼굴은 보지 못하리라."

저는 이 말씀을 상징적인 것으로 받아들입니다. 우리가 감히 하나님의 얼굴을 볼 수는 없지만, 시간이 지나고 나면 하나님께서 임재하시어 남겨놓으신 흔적들로 인해 그분의 등을 볼 수 있다고 말입니다.

우리 중 오직 소수의 사람만이 믿음의 눈을 통해 미래에 우리의 삶 속에 함께하실 하나님을 볼 수 있습니다. 하지만 지나온 과거를 돌아본다면, 대부분의 성도는 우리가 하나님께 의지하고 모든 것을 맡겼을 때 하나님께서 이루고자 하셨던 것들 하나님의 적극적인 간섭 하나님께서 어떻게 인도하셨는지 어디로 인도하셨는지를 보게 됩니다. 그러므로 우리는 감히 "하나님 잘못 보셨어요. 저는 할 수 없어요. 저보다 더 능력 있고 뛰어난 사람을 찾아보세요"라고 말하면 안 됩니다.

우리가 할 수 없다고 느낄 바로 그때가 사도 바울이 말씀하신 것처럼 "내게 능력 주시는 자 안에서 내가 모든 것을 할 수 있느니라"라고 선포할 수 있는 좋은 때입니다.

저는 종종 저의 인생에 대해 생각해 봅니다. '나는 무엇을 위해 부름을 받았을까?' 제가 신학생이었을 때는 제가 선교사가 되어서 신학교에서 강의하게 될 줄은 꿈에도 몰랐습니다. 그것은 상상조차 할 수 없는 일이었습니다. 만약에 여러분이 앞으로 저의 미래가 어떻게 펼쳐질지 말해줬더라면 아마 저는 놀라서 그냥 멍하게 여러분을 바라만 보았을 것입니다.

저는 겨우 졸업 가능할 만큼의 학점을 받아 신학사 학위를 받았습니다. 높은 학점을 받아본 적도 석사나 박사학위를 받은 적도 없습니다. 이런 사람이 어떻게 교수가 될 수가 있다는 말입니까?

만약 여러분이 제게 왜 부산신학교에서 가르치는 일로 부름을 받았는지 묻는다면 아마도 가장 정확한 답을 찾는다면 그 당시 한국전쟁 이후 신학 교수가 절실하게 필요했지만, 경제적으로 급여를 줄 수 없었던 빈곤했던 한국교회의 상황 때문이었던 것 같습니다. 선교사들에게는 급여를 줄 필요가 없었기 때문이지요. 그리고 다른 사람은 아무도 그 일을 하기 원하지 않았기에 호주선교회가 나를 선택했던 것입니다.

돌아보건대 나는 그 일에 걸맞은 아무런 자격이 없었습니다. 단 한 가지 다행이었던 것은 강의를 준비할 수 있을 만한 신학 서적을 많이 가지고 있었다는 것입니다. 그렇다면 왜 제가 성경 과목을 가르치게 되었을까요? 그것은 제가 한 해 분량의 윤리, 교회사 또는 조직 신학 강의는 준비할 시간이 도저히 없었기 때문입니다. 저는 강의를 곧바로 시작해야 했습니다. 제가 성경 과목이란 성경의 첫 장, 처음 절부터 시작해서 마지막 절까지 체계적으로 가르친다면 바로 강의를 시작할 수 있었기 때문입니다.

특히 첫해는 두 강의 이상을 미리 준비하는 것이 불가능했지만 어쨌거나 강의를 계속할 수는 있었습니다. 그때 저는 한국에 온 지 겨우 4년밖에 되지 않았었고 그래서 강의는 일단 모두 영어로 준비한 후에 한국 친구들의 도움을 받아 번역해야 했습니다. 그것이 시작이었습니다.

방대한 강의를 준비해야만 하는 상황 때문에 강의 준비과정에서 저는 성경에 대한 지식을 넓혔고 이를 통해 성경에 대한 이해가 넓어진다는 것이 즐거웠고, 또 제가 학생들과의 교제를 좋아한다는 사실을 발견했습니다.

지금으로 말하자면 제가 일하던 곳은 부산 캠퍼스였습니다. 어찌 말하면 대학 수준이라기보다는 성경학교 수준이었을 지도 모릅니다. 높은 학위를 가지신 선생님들은 없었고 대부분 교회 목사님들께서 자신이 가르치는 영역을 신중하게 공부해서 가르치셨으니까요.

저는 구약 역사를 가르친 다음 모세 5경, 복음서, 사도행전 그리고 요한계시록을 가르쳤습니다. 요한계시록은 사람에 따라 잘못된 해석을 할 수 있는 우려가 있어서 제가 직접 담당하여 그런 일이 생기지 않도록 하고 싶었던 바람에서 강의를 담당하였습니다. 이렇게 해서 제가 교수가 된 것입니다.

그때 이후로 제 말씀 사역의 주된 목표는 항상 성경의 해석이었습니다. 만약 제가 사람들이 복음을 통해 자기 삶을 비추어 볼 수 있도록 도와주었다면 그것은 덤이겠지요. 제 생각에는 하나님이 직접 저를 교수로 부르신 것이라기보다는 교회가 교수를 필요로 했기 때문에 하나님께서 불러주셨고 주신 일을 가볍게 여기지 말고 하나님이 제게 주신 모든 달란트를 사용해서 가능한 한 가장 좋은 교수가 되기 위해 성실히 노력하라고 명령하신 것 같습니다.

자 이제 제가 여러분에게 묻겠습니다. 하나님께서 주신 여러분의 소명은 무엇인지 깊이 생각해보시길 바랍니다. 하나님의 부르심은 교회 내에 국한되어있지 않을지도 모릅니다. 자신의 일상생활에서, 일터에서 또는 개인의 삶 속에서 하나님을 향한 믿음의 증인으로서 사는 것이 여러분을 향한 부르심일지도 모릅니다.

물론 자신이 가지고 있는 특별한 재능이나 기술이 무엇인지 살펴보고, 그것을 가지고 하나님을 위해 어떻게 사용할지 생각해보아야 합니다. 하지만 여러분은 여러분이 상상한 것보다 더 큰 목적을 위해 부르심을 받았을지도 모릅니다. 자신이 처한 상황 안에서 목적을 이루기 위해, 새로운 영역을 개척하기 위해 공부를 하며 일하는 것 말입니다.

그러니 기억하십시오. 하나님께서 누군가를 어떤 목적을 위해 부르실 때는, 하나님께서 친히 그 사람이 그 일을 할 수 있도록 훈련하시고 준비해주십니다. 그러므로 우리가 해야 할 일은 하나님께 우리가 할 수 있는 것이 무엇인지 알려 드리는 것이 아니라 그저 말씀에 순종하는 것입니다.

하나님은 이미 모든 것을 다 알고 계십니다. 주님이 우리를 원하시는 곳으로 인도하실 수 있도록 합시다. 그런 이후에야 비로소 항상 하나님의 힘과 지혜를 의지하고 믿으면서 목표를 향해 자신을 준비해 나갈 수 있는 것입니다

(부산장신대학교, 2016년 7월 3일)

12. 교회의 반석 그리스도 예수

본문: 마태복음 16:13-18, 요한복음 21:15-19

지난 46년간을 교회를 인도하시고 힘을 주신 하나님께 감사를 올려 드리며, 모든 성도님께 진심으로 축하의 말씀을 드립니다 1973년

버우드장로교회에서 몇 가정과 함께 모여 예배를 드렸던 '작은' 교회가 오늘 이처럼 살아있는 교회가 되어있는 것을 보면서, 저는 다시 한 번 주님의 인도하심에 진심으로 감사를 드립니다. 특히 제게 여러분과 함께 첫 예배를 드릴 수 있도록 특권을 주셔서 얼마나 감사한지 모르겠습니다.

설립기념 예배를 드리면서 우리는 교회가 오늘까지 걸어온 길과 앞으로 가야 할 길을 함께 생각해 봅니다. 지난날들 가운에 있었던 부흥의 순간들과 어려움의 순간들, 함께 만들어낸 승리의 순간들과 함께 견뎌낸 실패의 순간들을 보면서 하나님의 인도와 보호로 인해 오늘까지 올 수 있었음을 기억하며 주님께 감사를 올려 드립니다.

그러나 이제 나는 우리 공동체의 미래를 향하신 하나님의 목적을 함께 살펴보려고 합니다. 교회의 시작과 그 기능, 그리고 교회에 주어진 사명을 조금 전에 읽은 마태복음에 기록되어 있는 주님과 베드로의 대화를 통해 알아보려고 합니다.

시간상의 제약으로 인해 전체 대화를 읽지 못하였지만, 교독한 대화의 내용을 가지고 말씀을 나누려고 합니다. 이 대화는 예수님께서 사람들이 자신을 누구라고 생각하고 있는지 물어보시는 것으로 시작이 됩니다. 물론 사람들의 대답은 예수님이 구약의 위대한 예언자들과 같은 예언자라는 것이었습니다. 그때 주님은 제자들의 생각을 물으셨고, 이때 베드로는 '주는 그리스도시요 살아계신 하나님의 아들'이라는 유명한 고백을 합니다.

우리는 계속되는 대화를 통해 알 수 있듯이, 베드로의 이 고백은 여러 의미로 해석될 수 있습니다. 메시아라는 명칭은 일반적으로 하나님이 보낸 승리자로 이해할 수 있으며, 이스라엘 백성들에게는 그들을 구원하실 분이라는 의미가 있었습니다.

무엇으로부터의 구원 또는 자유함을 의미하는 것입니까? 대부분의 이스라엘 백성들에게 기대할 수 있는 즉각적인 대답은 그 땅을 지배하고 있던 외부의 지배로부터 구출되는 것이었습니다. 이런 자유함은 일방적으로 군사 쿠데타 또는 반란 때문에 가능한 일이었으며, 그 결과로 그들이 자유함을 얻을 수 있었을 것입니다.

물론 이런 방법이 당시에는 알 수 없었던 민주주의를 도입할 수 있는 것은 아니었습니다. 그러나 사람들이 인정할 수 있는 자신들의 통치자가 이런 외부 침입자들로부터 정권을 빼앗아 올 수 있다면, 특히 다윗의 왕실에 남아있는 자였다면 가능한 일이었음을 이스라엘 백성들은 알고 있었습니다.

그래서 군중이 예수를 주님의 이름으로 오시는 분으로, 특히 종려주일에 예루살렘으로 들어오시는 것을 환영할 때, 대부분 사람은 예수가 큰 반란을 일으킬 것으로 기대했는지 모르겠습니다. 그러나 아무런 일도 일어나지 않았을 때, 그들은 실망했습니다. 이런 실망이 일주일 후 예수를 십자가에 못 박으라고 요구하지 않았나 생각합니다.

우리가 볼 수 있듯이, 베드로의 메시야의 대한 생각도 크게 다르지 않았음을 우리는 알고 있습니다. 예수가 자신이 장로와 대제사장과 서기관들에게 큰 고난을 당하고 죽임을 당할 것이라고 예언했을 때, 베드로는 이런 주님의 말씀이 사람들의 기대와는 모순되는 것을 알았으며, 예수님을 가르치려고 했습니다.

바로 이때, 우리가 본문에서 읽은 것과 같이, 주님께서 우리에게 잘 알려진 말씀을 하십니다. "사탄아, 내 뒤로 물러가라. 너는 나에게

걸림돌이다. 너는 하나님의 일을 생각하지 않고, 사람의 일만 생각하는구나!"

여러 가지를 생각할 수 있겠지만, 베드로의 이런 반응을 보면서 우리 역시 말은 바르게 할 수 있지만, 잘못된 뜻을 가질 수 있음을 볼 수 있습니다. 베드로는 예수를 메시아로 인정하는 것은 맞았지만, 메시아의 사명에 대한 이해는 완전히 틀렸습니다.

이것이 바로 오늘 교회와 관련이 있는 내용입니다. 교회가 예수에 관한 모든 옳은 말을 할 수 있습니다. 주는 그리스도, 곧 메시야, 하나님의 아들이라고 말할 수 있습니다. 그러나 이 말들이 교회를 향한 주님이 원하시는 동일한 의미를 지니지 않는다면, 이런 고백은 교회를 올바르게 만들지 못할 것이며, 하나님께서도 인정하지 않을 것입니다.

주님은 메시아요, 살아계신 하나님의 아들이라는 베드로의 고백에 예수님께서 먼저 이렇게 말씀하셨습니다. "시몬 바요나야, 너는 복이 있다. 너에게 이것을 알려 주신 분은, 사람이 아니라, 하늘에 계신 나의 아버지시다. 나도 너에게 말한다. 너는 베드로다. 나는 이 반석 위에다가 내 교회를 세우겠다. 죽음의 문들이 그것을 이기지 못할 것이다."

예수님은 베드로라는 사람, 그를 사탄이라고도 부르셨던 것을 알고 있는 우리는 이 것이 베드로 자신을 뜻하지 않은 것임을 알 수 있습니다. 그래서 저는 교회가 세워져야 할 반석의 의미가 무엇인지 살펴보려고 합니다. 우리가 예수님이 하나님의 아들이라 말할 때, 우리는 무엇을 의미하는 것입니까? 우리는 예수님이 하나님의 가족임을 인정하는 것입니다. 물론 우리는 하나님이 평범한 사람이나 우상이 아니라, 하늘과 땅의 창조자, 모든 지혜의 시작, 만물의 주권자이심을 압니다.

하나님을 믿는다고 하면서, 그의 말씀이나 계시에 주목하지 않는 것은 있을 수 없는 이야기입니다. 아니면 그런 자세는 오만의 모습일 것입니다. 어찌 감히 하나님을 안다고 하면서, 그분이 원하시는 것을 알지 못한다고 말할 수 있겠습니까! 우리가 누구를 믿는다고 할 때, 우리는 그의 거주지 또는 가족 관계를 알고 있는 정도를 말하는 것이 아닙니다. 우리는 그가 진리를 말하고, 그의 생각과 가르침이 따를만 한 가치가 있음을 믿는다는 의미입니다.

여러분 생각해보시기 바랍니다. 축구 선수가 자신의 코치를 믿는다고 하면서, 그가 가르치는 게임 방법을 무시한다면 아주 우스운 일입니다. 코치를 믿는다는 것은 그의 전략과 지침을 항상 따르기 위해 노력하는 것입니다. 바로 이 경우입니다.

교회가 예수님이 하나님의 아들임을 믿는다고 하면서, 그분이 가르치신 용서, 원수 사랑, 가난한 자와 불우한 이웃과 배고픈 자를 돌보는 일에 무관심한 것은 모순적입니다.

주님께서 베드로를 사탄이라 부르신 것이 이상하지 않은 이유입니다. 사탄은 예수님이 누구인지 알면서도 그를 반대했습니다. 하나님과 거룩한 모든 것들을 반대했습니다. 그러므로 우리도 예수를 따른다고 말하면서 주님께서 원하시는 행동이 없다면 우리도 역시 사탄과 다를 것이 없을 것입니다.

교회는 예수님이 하나님의 아들이라는 믿음의 기초 위에 세워졌습니다. 의미는 주님은 하나님이 누구신지, 무엇을 원하시는지, 무엇이 중요한지, 어떤 가르침을 따라야 하는지를 우리에게 알려 주신다는 것입니다.

교회가 매 주일 정기적으로 예배를 드리면서, 하나님을 찬양합니다. 그러면서 다가오는 한 주간에 주님의 가르침을 삶으로 살아내지 못한다면 우리 역시 사탄과 다를 바가 없을 것입니다. 그런 교회는 반석 위에 세워진 교회가 아닙니다.

제가 언젠가 일 년 동안 예배를 잘 나왔던 연로한 여자분의 장례식을 인도한 적이 있습니다. 그분은 그때까지 양로원에서 살고 있었습니다. 저는 장례식을 준비하면서, 그 여자분의 가족들과 장례식에 관한 대화를 하던 중, 가족들이 장례식을 교회에서 하기를 원하는 것을 알게 되었습니다. 그런데 가족들은 그 장례식에 교회 성도들이 참석하는 것을 원치 않는다는 것도 알게 되었습니다. 그래서 저는 그 딸에게 그 이유를 물어보았습니다. 이유는 어머니가 양로원에 계실 때, 어머니를 찾아온 교회 사람이 아무도 없었기 때문에 아무도 장례식에 초대하지 않겠다는 것이었습니다. 그 딸의 말과 같이, 어쩌면 주님의 교회처럼 행동하지 못했습니다.

그리스도 예수의 사명과 믿음 위에 세워진 교회는 모든 성도가 서로를 돕고, 사랑하는 가족처럼 행동하며, 주님의 말씀을 공부하는 교회입니다. 신약성경 시험을 통과하기 위해서가 아니라 그 말씀의 내용을 순종하기 위해서입니다. 무엇을 해야 할지 아는 것보다 더 중요한 것은 그 아는 말씀을 행동으로 옮기는 것입니다.

저는 확신합니다. 하나님께서 당신의 교회에 바라시는 것은 성경의 지식이 아닙니다. 정기적인 기도의 실천도 아닙니다. 주님께서 말씀하신 배고픈 자에게 먹을 것을 주고, 벗은 자에게 입을 것을 주고, 아픈 자와 감옥에 있는 자를 돌보라고 가르침을 우리의 삶 속에서 사랑과 봉사로 실천하는 것이 바로 하나님께서 원하시는 것임을 확신합니다.

사랑하는 성도 여러분. 주님께서 우리를 사랑하신 것과 같이 서로를 사랑하며, 서로를 용서하고, 싸우는 것과 독선적인 것을 자제함으로 우리가 예수님을 하나님의 아들로 믿고 있음을 보여줄 수 있기를 바랍니다. 바로 이런 삶의 모습이 반석 위에 세워진 교회임을 증명하는 길입니다.

그래서 저는 멜본한인교회가 당면하는 모든 문제에서 예수님의 가르침과 그의 보여주신 것을 따를 수 있기를 기도합니다. 직분이 아닌 섬김으로 기뻐하십시오. 말로만이 아니고 행동으로 보여주십시오. 주님을 따르는 모든 일의 동기를 점검하는 것을 제외하고는 내적으로 끝나지 않은 삶을 사시기를 바랍니다. 하나님 가족의 지체로서 가지고 있는 특권을 항상 기억하고 즐겁고 만족한 삶을 통해 실천할 수 있어야 합니다. 우울한 얼굴의 기독교인은 있을 수 없습니다.

말씀을 마치면서, 다시 한번 베드로와 예수님의 대화를 생각해 봅니다. 대화의 시작에서 베드로를 사탄이라 부르셨지만, 그를 거부하신 것은 아니셨습니다. 그에게 뒤로 물러갈 것을 명령하셨는데, 그 자리는 예수님을 따르는 자의 마땅한 자리였습니다. 따르는 자는 인도하지 않습니다. 제자는 가르치는 자가 아닙니다.

그에게 압력이 가해졌을 때, 주님에 대한 충성심이 있었음에도, 베드로는 무참하게 무너졌습니다. 너무 무서워서 베드로는 예수님을 모른다고 세 번이나 부인했습니다.

그 후 예수님께서 베드로를 찾아오신 사건을 기억하십니까? 부활하신 주님이 베드로를 찾아오셔서 이렇게 말씀하십니다. "평강이 있을지어다." 베드로가 주님을 부인한 것에 대해 언급하지 않으십니다. 아무 일이 없었던 것처럼 그를 맞아주셨습니다.

저는 베드로가 무엇을 느꼈을까 궁금합니다. 그는 과연 예수님을 바로 바라볼 수 있었을까요? 그리고 나중에, 주님께서 갈릴리 호수에서 제자들과 함께 조반을 드시면서 베드로에게 이렇게 물어보십니다, "베드로야, 네가 나를 사랑하느냐?" 주님을 사랑한다 고백하는 베드로에게 주님이 말씀하십니다, "네 양을 먹이라!"

주님이 베드로가 당신을 세 번 부인했던 것을 기억하시는지, 그에게 두 번째, 그리고 세 번째로 동일한 질문을 하십니다. 그리고 그때마다 그를 벌하시지도, 비판하시지도 아니하시고, 대신 당신의 양을 먹이라고 말씀하십니다. 맞습니다. 주님은 베드로를 아주 부드러운 방식으로 용서하시고 새롭게 일어설 수 있도록 해 주셨습니다.

사랑하는 멜본한인교회 성도 여러분. 저는 이것이 주님께서 죄인들을 용서하여 주시는 방식임을 믿습니다. 주님은 우리가 완전하지 못함을 아시고 계시기에, 우리의 실패를 다시 거론하지도 않으십니다. 주님은 오직 우리가 더 신실하게 그분을 따르기를 원하십니다.

이 사건을 통해 우리에게 주시는 분명한 교훈이 있습니다. 이것이 우리의 주인이신 주님께서 여러분과 저를 대하는 방식이라면, 우리 역시 동일한 방식으로 서로를 대해야 하지 않을까요?

교회의 반석이신 그리스도 예수 위에 세워진 멜본한인교회! 주님이 몸소 보여주신 삶의 모습, 예배, 관계, 사랑, 용서, 섬김을 우리의 삶 속에서 동일하게 살아냄으로 멜본한인교회를 더욱 견고하게 세워가기를 주님의 이름으로 축복합니다.

(멜본한인교회, 2019년 7월 7일)